走向主动监管
政务数据监管体系探索与实践

Moving Towards Proactive Regulation

Exploration and Practice of Government Data Supervision System

朱欣远　黎　侃　张华荣　檀童和　刘红波　◎主编
林梓鹏　罗　琪　唐要家　史红蓓　赵其伟　◎副主编

人民邮电出版社

北京

图书在版编目（CIP）数据

走向主动监管：政务数据监管体系探索与实践 / 朱
欣远等主编. -- 北京：人民邮电出版社，2025.
ISBN 978-7-115-65269-0

Ⅰ．D63-39

中国国家版本馆 CIP 数据核字第 2024V1V900 号

内 容 提 要

　　本书涵盖政务数据监管相关概念与理论基础、政务数据监管体系构建的总体框架、监管理念、监管思路、以广东省交通运输厅政务数据监管为典型案例的监管实践分析和包括数据治理监管、数据安全监管与平台工具监管的数据监管实施及评估体系建设，以及政务数据监管的挑战与对策等。通过阅读本书，读者将对数据监管理念与思路、政务数据监管体系构建和政务数据监管实践有一个全面而系统的认识。

　　本书适合政府数据监管部门工作人员、监管系统咨询设计单位、通信设备厂商等技术人员和管理人员，以及科研院所研究人员、高校师生等阅读。

◆　主　　编　朱欣远　黎　侃　张华荣　檀童和　刘红波
　　副主编　林梓鹏　罗　琪　唐要家　史红蓓　赵其伟
　　责任编辑　赵　娟
　　责任印制　马振武
◆　人民邮电出版社出版发行　　北京市丰台区成寿寺路 11 号
　　邮编　100164　电子邮件　315@ptpress.com.cn
　　网址　https://www.ptpress.com.cn
　　北京天宇星印刷厂印刷
◆　开本：720×960　1/16
　　印张：11.25　　　　　　　　2025 年 3 月第 1 版
　　字数：147 千字　　　　　　2025 年 3 月北京第 1 次印刷

定价：89.90 元
读者服务热线：(010)53913866　印装质量热线：(010)81055316
反盗版热线：(010)81055315

走向主动监管
政务数据监管体系探索与实践

指导单位：广东省交通运输厅
主编单位：广东省电信规划设计院有限公司
副主编单位：华南理工大学公共管理学院、浙江财经大学经济学院

编　写　组：
主　　　编：朱欣远　黎　侃　张华荣　檀童和　刘红波
副　主　编：林梓鹏　罗　琪　唐要家　史红蓓　赵其伟
技 术 校 审：陈晓民　吕　锐　谢振东　曾沂粲　吴　迪
　　　　　　　吴建辉　余向阳　殷　涛
编写人员：杨凤武　林　宁　刘　源　张天文　马　航
　　　　　　林　涛　蚁泽纯　陆文灵　任观就　郭利荣
　　　　　　黎文俊　蔡烨帆　刘雨思　沈嘉玲　纪求华
　　　　　　邢　竟　邓斯师　詹成衡　禹汶杰　余自如
　　　　　　麦飞鹏　黄娟梅　蔡铭凯　蒋思琪　梁湛熙
　　　　　　韩欣平　薛立徽　李情君　汪建才　刘金佳
　　　　　　杨品浪　龙洁文　周思琪　彭洁娟　林永霸
　　　　　　莫　琦

在数字化浪潮席卷全球的背景下，数据已经成为驱动国家治理体系与治理能力现代化的核心引擎。政务数据监管是构建数字政府、提升国家治理能力的关键环节。政务数据有效监管能够确保政府数据的合规、准确与安全使用，提升政府决策的科学性和透明度；能够促进政务服务的高效、便捷与个性化，提升公众满意度；同时，还能够强化对市场主体的监管，维护公平竞争秩序，推动经济社会持续健康发展。本书聚焦政务数据治理监管体系的理论探索和应用实践，将为数字政府和数据治理领域的研究与实践提供宝贵的洞见与探索经验，其重要性和创新性不言而喻。

首先，本书深刻把握了时代发展的脉搏，精准对接了国家治理现代化的迫切需求。在数字经济时代，政务数据的治理与监管不再只是技术层面的操作问题，而是关乎国家治理效能提升、公共服务优化，以及社会稳定和谐的重大战略议题。本书通过对国家政策的深入解读和对数据监管实践案例的剖析，以广东省交通运输厅的数字化建设为蓝本，展示了政务数据治理监管体系构建的全貌，为数据监管理论研究与实践操作架起了坚实的桥梁。

其次，本书在理论体系构建上展现了高度的系统性和前瞻性。书中提出的"131"总体数据监管蓝图，不仅为数据监管提供了清晰的理论框架，还通过理论与实践，不断完善数据监管体系。这种从理论到实践、再从实践反哺理论的循环模式，是公共管理学科研究方法论的生动体现，对提升政府监管的科学性和有效性具有重要意义。

再次，本书在标准规范、软件实施及运营服务等方面的实践探索，为政务数据治理监管提供了可借鉴、可复制的经验。标准规范体系的构建为数据活动及监管活动提供了明确的指引和约束，有助于构建统一、规范的数据监管环境；软件实施方面的创新，例如大中小屏可视化及辅助工具的上线，为数据监管工作提供了强大的技术支持和精细化支撑；运营服务环节的完善，特别是日常监管与专项监管的结合，以及问题整改闭环的推动，确保了数据监管工作的持续性和有效性。

尤为值得一提的是，本书从政务数据监管的实践角度出发，深入剖析了数据监管面临的挑战，并提出了走向主动监管的路径和策略。与传统被动应对的监管模式不同，主动监管模式强调政府监管部门在数据治理中的积极性和主动性。通过提前预判风险、主动干预问题、持续优化监管机制等方式，政府可以更加高效地应对复杂多变的监管环境，提升监管效能和公信力。这种主动监管的理念，强调了政府监管部门在数据治理中的积极性和主动性，对于提升政府监管效能、应对复杂多变的监管环境具有重要意义。这一理念的提出和实践不仅是对传统监管模式的超越，更是对未来政府监管发展趋势的准确把握。

最后，从公共管理学科的研究现状与突破来看，本书为政务数据监管研究提供了新的视角和思路。在大数据、云计算、人工智能等新技术不断涌现的今天，如何有效利用新技术提升政府监管能力，是公共管理领域亟待解决的重要课题。本书通过深入剖析政务数据治理监管体系的实践案例，为这一课题的研究提供了丰富的素材和有益的启示。

总之，《走向主动监管：政务数据监管体系探索与实践》一书是一部具有深远影响的作品，它不仅为公共管理领域的研究者提供了宝贵的理论参考和实践案例，更为政府监管部门在实际工作中提供了可操作的指南。我坚信，本书的出版将对推动国家数据治理体系建设和治理能力提升产生积极而深远的影响。因此，我衷心向所有关注政务数据监管乃至政务数字化转型的学者、实践者及政策制定者推荐此书。

2024 年 9 月

序言

　　随着信息技术的飞速发展，数据成为推动国家治理现代化的关键要素。在数字政府建设的浪潮中，政务数据作为政府服务与管理的重要基础，其治理与监管工作尤为重要。《走向主动监管：政务数据监管体系探索与实践》正是在国家政策强力驱动与广泛实践的背景下，对政务数据治理监管体系的全面剖析与深入探索。

　　近年来，我国政府高度重视政务数据的治理与监管工作，相继出台了一系列重要政策，明确了政务数据治理的总体要求、基本原则和重点任务。这些政策不仅为政务数据的收集、整合、共享、开放和安全保护提供了法律依据和制度保障，更为构建科学、高效、安全的政务数据治理监管体系指明了方向。

　　为了实现业务理解充分到位、技术应用安全规范、协同管控高效有序等高质量发展要求，广东省交通运输厅数字化建设走向主动监管。自 2022 年开始，在广东省交通运输厅一体化数字平台（二期）项目建设过程中，广东省交通运输厅首次提出"数据监管"理念并由广东省电信规划设计院有限公司作为咨询服务单位执行落地，即依据国家和行业有关法律法规、政策制度、技术标准等文件要求，针对数据管理相关服务活动的行为和效果，进行监督和管理的服务过程，旨在推动数据管理相关服务目标有效实现，并确保目标实现过程的合规性、安全性。

　　数据监管实践工作中，得到广东省交通运输厅相关领导的思路指引，在理论体系方面，监管团队构建"131"总体数据监管蓝图，理论先行，实践促进，螺旋上升，推动数据监管体系完善；在标准规范方面，构建数据监管标准规范体系蓝图，建立适应于当前阶段制度细则，助力开展落实数据监管工作，对数据活动及监管活动提供规范指引和行为约束；在软件实施方面，上线大中小屏可视化及辅助工具，为数据监管实施工作提供精细化支撑；在运营服务方面，面向监管对象开展日常监管及专项监管等过程监管工作，落实工作复盘，推动问题整改闭环。

作为一体化数字平台数据监管服务的实践者，本书创作团队在数据监管服务过程中，不断研究实践，沉淀了大量的宝贵经验。为此，编者从政务数据监管的实践角度出发，以广东省交通运输厅一体化数字平台数据监管为案例，对数据监管实践工作进行总结，提出政务数据监管相关概念、政务数据监管体系、数据监管模式、面临的风险挑战及如何走向主动监管等理念。

本书凝聚了一体化数字平台数据监管服务团队的集体智慧，在编制过程中受到广东省交通运输厅的悉心指导。当前正是广东省"数字交通运输厅"改革建设关键阶段，本书也是广东省交通运输厅数字化改革成果的一部分。本书内容源自数据监管的先进实践，而又高于一体化数字平台数据监管服务。本书旨在通过总结广东省交通运输厅一体化数字平台数据监管实践工作，为后续政务数据监管走向主动监管提供参考。

随着数字时代的到来,数据在社会各领域中广泛使用,也成为政府在进行决策、提供公共服务、提高透明度和落实问责等核心工作中不可或缺的动力支撑。政务数据从电子政务(E-Government)信息化阶段静态的政策文件、公告和官方通信的载体形式,向着数字政府(Digital Government)时代具有高动态性、即时性和分析工具复杂性的庞大数据流演变。根据国务院办公厅印发的《全国一体化政务大数据体系建设指南》可知,截至2022年,我国已建设了26个省级政务数据平台、257个市级政务数据平台、355个县级政务数据平台;各地区各部门依托全国一体化政务服务平台汇聚编制政务数据目录超过300万条,信息项超过2000万个。政务数据在数字时代呈指数级增长,需要对其进行有序监管。

在政务数据监管中,主动治理的理念主张政府的监管政策和措施应具备前瞻性,以更好地适应数字社会的快速变化。然而,随着信息技术的快速发展,新的数据应用和管理问题不断涌现,当前政务数据监管面临的"数据孤岛"问题,以及跨界协同治理的复杂性,使现行的监管框架在灵活性和适应性方面存在不足。因此,需要结合新技术的时代特征,对既有的政务数据监管理论体系进行更新,从而为解决地方政府数据监管领域中业务需求"难理解"、技术路线"难把控"、管理流程"难协同"等核心问题提供理论指导及实证经验,推动数据监管服务体系从管理、业务和技术3个维度落实事前、事中和事后全链条监管覆盖和数据全生命周期的主动监管,实现监管过程科学化、智能化和监管结果可视化、全局化的目标。

在此背景下，编写组以"走向主动监管：政务数据监管体系探索与实践"为主题，从以下两大部分展开论述：本书的第 1 章至第 4 章作为第一部分，进行理论层次的探索，侧重于论述政务数据监管的相关概念与理论基础，并结合理论框架构建政务数据监管体系；第 5 章至第 8 章作为本书的第二部分，进行实践层次的归纳，根据政府实践数据阐述政务数据管理部门的数字化改革概况、现行数据监管模式及评估体系建设现状，最后总结政务数据监管面临的风险与挑战并系统性地提出应对策略和政务数据主动监管的理念。

第 1 章从全球视角出发，阐述了数字技术对社会发展的作用及其引发的数据爆发式增长现象，在此基础上回顾了世界各国政府数字化建设及数据监管的实践举措，最后聚焦于我国数字政府发展前沿和地方政府的具体实践，从宏观层面归纳了当前我国政务数据监管工作在制度、技术和安全方面所面临的困难，提出了本书旨在探讨和解决数据监管领域的理论和实践问题。

第 2 章梳理了政务数据监管的相关概念与理论基础，在界定政务数据概念的基础上归纳了政务数据的特点与价值；数据监管作为本书的核心研究对象，其概念、特征、目的及原则也是本章阐述的基础内容。此外，本章还选择了数据治理、回应性监管、技术中立性理论作为分析政务数据监管的理论基础，以期为后续研究提供坚实的理论支撑。

第 3 章概述了政务数据监管体系建设，目的在于建立本书的理论分析框架。通过框定政务数据监管活动涉及的监管主体、内容、目的、方式和效果5 个方面的核心要素，构建涵盖目的导向、业务理念、技术基座和制度保障 4 个方面的理论框架，并提出了相应的监管理念和思路。

第4章以数据治理监管、数据安全监管和平台工具监管为三大核心监管内容，分别阐述监管定义以及范围或内容等核心维度，最后结合三大核心监管内容设计数据监管评估指标体系。

第5章以广东省推动省交通运输厅数字化转型的实践为例，回顾了广东省交通运输厅数字化改革的主要历程，对其作为改革顶层设计的"1168"体系、数据监管协同模式等进行了深入的解读。通过分析广东省数据监管实践案例，为建立更加统一和高效的跨部门数据治理框架，提供实证分析的依据。

第6章结合具体数据从软件开发建设、数据治理服务和数据安全服务三大维度总结了广东省交通运输厅数字化转型的主要成效，并梳理了广东省交通运输厅数据治理能力评估工作的主要阶段、目标与重点内容，最后思考数据监管中台建设的推进策略，以实现数据监管从"小主动"到"大主动"再到"全主动"。

第7章聚焦于小屏"数说交通"、外省货运车辆数据接入与共享、交通运输局数据共享3个广东省交通运输厅转型的实践案例，通过案例深描、问题及原因归纳、对策分析，揭示其在数字化转型中的具体问题和挑战。

第8章在案例分析的基础上揭示政府部门在数据监管过程中存在的软件开发建设、数据治理服务、数据安全服务方面的问题和机遇，并针对性地提出应对策略与建议，指出贯彻主动监管理念和采用主动监管技术是抓住未来政务数据监管机遇的必经之路。

本书在对政务数据监管体系进行系统性阐述的基础上，为政府数据监管项目实施人员提供理论参考，从而引导读者对数据监管理念与思路、政务数据监管体系构建和政务数据监管实践举措形成系统且全面的认识。希望本书能够为读者呈现数字时代下政务数据监管的前沿理论知识，并最终为政府完善政务数据监管体系建设提供政策建议。

　　本书在写作和出版的过程中，得益于许多专家学者的大力支持，在此向他们表示诚挚的感谢！诚然，书中的某些议题和结论仅一得之见，尚有不成熟和疏漏之处，在此恳请学界同仁、实务工作者以及更广泛的读者朋友不吝指教！

编者

2024 年 9 月 20 日

目录

第 1 章

未来已来：面向数字政府建设的全域监管

第 2 章

政务数据监管相关概念与理论基础

第 3 章

政务数据监管体系建设概述

第4章

政务数据监管实施及评估体系建设

第 5 章

交通数据监管模式与总体框架

第 6 章

交通数据监管改革成效与评判

第7章

政务数据监管典型案例

第 8 章

政务数据监管的挑战与对策

未来已来：
面向数字政府建设的全域监管

▶▷ 1.1　数字转型：席卷世界的浪潮

1.1.1　数据时代：技术变革与数据爆炸

1965 年，作为英特尔（Intel）公司创始人之一的戈登·摩尔（Gorden Moore），提出了著名的摩尔定律（Moore's Law）——单位面积集成电路上可容纳晶体管的数量，约每两年翻一倍。计算机中大部分重要部件，例如中央处理器（Central Processing Unit，CPU）、内存、硬盘等，均由集成电路实现。因此，摩尔定律揭示了 1965 年至今持续高速发展的技术趋势，并且成为计算机性能水平的一个重要的预测方法。然而，令人意外的是，硬件性能的提升并未导致产品价格大幅上涨。由于元器件体积的缩小与生产规模的扩张，产品的生产成本不断下降，相关产品的价格也持续下降，人们能够以低廉的成本保存海量的数据，这为数据时代的到来奠定了技术基础。

正如摩尔定律所指出的，各类计算设备的体积正逐步趋向微型化。这一现象被科学家马克·韦泽（Mark Weiser）称为"普适计算"，即人们能够将各式微型计算设备广泛融入日常生活，能够在任何时间、任何地点获取并处理数据的计算机技术。如今，这一浪潮已融入日常生活的方方面面，呈现为各类传感器设备、可穿戴式设备等。究其根本，普适计算是通过在人们生活的物理环境中部署微型计算设备，从而实现无处不在的数据采集。在此之前，数据主要产生于各种信息系统，而传感器等设备的出现以及相关技术的成熟与发展，使人们开始有能力大规模地记录物理世界的状态信息，这一进步在很大程度上推动了数据时代的到来。

自 1946 年第一台计算机发明以来，人类主要通过信息系统、传感器产生和收集数据。到了 21 世纪，以推特（Twitter）、脸书（Facebook）为代表的社交媒体相继问世，互联网不再只是静态网站的集合，而是逐渐成为人们实时互动、交流合作的平台，这标志着人们开始在互联网上自主生产数据。这意味着所有网民都成为数据的生产者，引发了历史上震撼的数据爆发式增长现象。社交媒体诞生之初，每天经由推特发布的信息就超过 1.4 亿条。除了数据规模的骤然扩大，人们生产的数据结构也变得更为复杂，并没有统一严整的数据结构。在这种前所未有的数据生产速度之下，人类快速迈进了数据时代。

1.1.2　乘势而上：数据价值与数字政府

据国际数据公司（IDC）预测，到 2025 年，全球数据量将达到 175ZB。如果按照我国固定宽带网速计算，其中一天产生的数据量就需要用 267 万年才能下载完成。"大数据"作为一种概念由计算领域发端，在科学和商业领域发展，向公共管理领域延伸，成为全球各国数字化转型的重要抓手。2021 年，《数据即权力：美国政府需为数字时代制定新规》（"Data Is Power: Washington Needs to Craft New Rules for the Digital Age"）一文发表。该文章指出，数据的爆发式增长与跨境流动，不仅影响国际贸易的发展，也对国际政治造成冲击。数据的"非竞争性"特征是指任何主体对数据的使用不会减少其他主体的利用机会和数据本身的价值，并且使其能够持续赋能创新，带来经济效益，进而提升国家实力。同时，通过获取和分析数据，国家可以做出使自身利益最大化的决策，在国际竞争中占据优势。

对公共部门而言，单纯的海量数据无甚用处。事实上，围绕数据价值挖掘的相关技术，正在成为公共部门改善决策和优化服务的重要抓手。《2022

联合国电子政务调查报告》指出，全球越来越依赖数字技术来满足日常需要和应对特殊挑战。世界各国正在积极将数字政府建设纳入其国家发展的宏伟蓝图，并相继出台了一系列法律法规，涵盖网络安全政策、个人数据保护政策、国家数据政策或战略，以及开放政府数据政策等，以构建完善的法律规范体系。例如，丹麦政府于 2016 年启动实行《2016—2020 年数字战略》，明确了公共部门自身及其与各相关行业合作的数字化发展道路；澳大利亚政府推出《2025 政府数字转型战略》，提出到 2025 年建成世界领先的三大数字政府之一，能随时随地提供简单、个性化和可用的服务，以及满足公众所需的共享数据需求的愿景目标。各国公共部门正在努力通过数字化转型适应社会发展，相当一部分国家于 2012 年前后开始数字化转型，通过采用数字技术，提高响应、增强责任，实现敏捷治理与高效服务。越来越多的个人和企业通过在线平台与公共部门交流互动，访问公开内容、获取公共数据，政府服务呈现明显的全面数字化趋势。在数字时代，政府需要拥抱变化，并创建一种让人员和组织尝试、学习和发展的创新文化。

▶▶ 1.2 激流勇进：聆听中国的高声

1.2.1 我国数字政府发展概况

建设功能完备、服务高效的数字政府是国家实现数字化变革的关键基础。当前，数字技术深刻改变了传统经济社会的发展方式，对政府的日常工作和公共服务产生了重大的影响。为适应新发展形势及应对新政策挑战，政府需要在数字技术、数据治理等维度实现由"电子政府"到"数字政府"的转型，即从追求业务流程的数字化和信息化，跃升至以数据驱动的平台智能化与治理现代化的新阶段。基于此，我国高度重视数字政府建设工作，从顶层设计来看，一是勾勒了数字政府建设的宏观轮廓。《中华人民共和国国民经济和社会发展第十四个五年规划和 2035 年远景目标纲要》首次明确了数字政府建设的任务，单独设立"提高数字政府建设水平"的章节，提出了加强公共数据开放共享、推动政务信息化共建共用和提高数字化政务服务效能三大重点任务。二是确立了数字政府建设的总体框架。国务院发布的《关于加强数字政府建设的指导意见》，对我国数字政府建设作出了全面安排，明确提出"三个首次"，是数字政府领域的纲领性指导文件。其中，"数据"作为核心要素被重点突出。在 2019 年发布的《中共中央关于坚持和完善中国特色社会主义制度、推进国家治理体系和治理能力现代化的若干重大问题的决定》中，"数据"被作为一种生产要素参与分配。随后《中共中央 国务院关于构建更加完善的要素市场化配置体制机制的意见》则进一步强调要通过培育发展数据要素市场，使大数据成为赋能经济高质量发展的重要源泉。

从发展实践来看，一是加快政务数据体系建设。"1+32+N"的全国一体化政务大数据体系正在逐步构建，截至 2023 年 12 月底，全国一体化政务服务平台已接入 52 个部门和 32 个地方，共上线 6006 个目录，挂接 2.06 万种资源，实现累计调用 4847.07 万次服务。二是深化公共数据融合应用。公共数据开放程度不断提升，截至 2023 年 8 月，我国已有 226 个省级地方政府上线了数据开放平台[1]。各地平台无条件开放的可下载数据集容量从 2019 年的 15 亿上升至 2023 年的 480 亿，5 年间增长约 31 倍。公共数据授权运营实践遍地开花。截至 2023 年 9 月，共有 7 个省和 22 个市出台了公共数据授权运

---

[1]　复旦大学数字与移动治理实验室. 中国地方公共数据开放利用报告——省域（2023年度）[R]. (2023–11–01).

营相关法规政策或意见征求稿。公共数据融合应用成果不断涌现。数字政府建设作为新时代全面推进国家治理体系和治理能力现代化的必然要求，是深入贯彻落实习近平新时代中国特色社会主义思想，建设网络强国、数字中国、智慧社会的重要抓手，更是我国基本实现社会主义现代化和建成社会主义现代化强国的迫切需要和战略选择。展望未来，数据与经济社会的融合将会更加紧密，数据创新的广泛应用需要依靠高效市场与政府的协同，打通数据要素价值创造、价值交换和价值实现的全链条，全面赋能数字经济、数字社会和数字政府的高质量发展。

1.2.2 广东省数字政府建设情况

2001 年，广东省 J 市下辖的 K 市发起全国首个数字政府项目，主要内容包括政务管理系统、行政文件归档系统、文件中心等 10 个应用系统和硬件建设。2009 年，广东省提出以"数字广东省"建设抢占经济社会发展的制高点，再创广东省营商环境的新优势。2018 年，广东省对数字政府建设进行了三年规划，强调以系统工程的理念，自上而下统筹推进数字政府的改革和建设。

近年来，广东省深入学习贯彻习近平总书记关于建设数字中国、网络强国、智慧社会的重要论述，将数字政府建设作为全省创造型引领型改革的首项任务，以体制机制创新为引领，有力支撑加快转变政府职能，探索构建数字政府"12345+N"的工作业务体系，牵头推动数据要素市场化配置改革，形成整体联动的数字化治理新格局，有力提升政府治理能力现代化水平，为经济社会高质量发展发挥出数字政府的应有作用。

具体而言，广东省政务服务和数据管理局梳理提炼出的数字政府改革建设"12345+N"工作业务体系内容包括以下几个方面。

"1"——牵头一个要素市场。推进数据要素市场化配置改革，助力数字经济发展。

"2" ——两个条例。围绕《政务服务数字化条例》和《数据条例》两个条例，构建数字政府制度体系。

"3" ——三大支撑体系。建成数字政府建设运营中心、广东省政务服务数据事务中心和广东省数字政府研究院。

"4" ——瞄准 4 个主攻方向。政务服务"一网通办"、省域治理"一网统管"、政府运行"一网协同"和数据资源"一网共享"。

"5" ——突出五大产研带动。培育成立信创产业联盟、数字政府建设产业联盟、数据发展联盟、数字政府网络安全产业联盟和省电子政务协会。

"N" ——打造一系列 N 项标志性成果。持续打造 Y 省事、Y 商通、Y 政易、Y 省心、Y 智助、Y 优行、Y 治慧、Y 公平等"Y 系列"平台，形成数字财政、智慧水利、数字住建、智慧医院和智慧消防等一大批数字政府创新成果。

2023 年，广东省进一步深化数字政府改革建设提出了实施意见，强调全面深化"数字政府 2.0"建设，将数字技术广泛应用于政府管理，充分发挥数字政府改革建设对数字经济、数字文化、数字社会和数字生态文明的引领作用，特别是对实体经济发展、城乡区域协调发展的促进作用，以更好地支撑全省高质量发展。到 2025 年要全面建成"数字政府 2.0"，政务服务水平、省域治理能力、政府运行效能、数据要素市场化配置能力实现全国领先，数字政府引领全面数字化发展的作用日益显著，打造数字中国创新发展高地。到 2035 年，基本建成整体协同、敏捷高效、智能精准、开放透明、公平普惠的数字政府，为基本实现社会主义现代化提供有力支撑。其中，优化"政企合作、管运分离"的数字政府建设运营模式，加强系统工程设计和总规控制，强化政务信息化项目统筹管理，健全数字政府法规制度、标准规范和理论研究体系，是广东省数字政府建设工作的重要内容。

▶▷ 1.3 现实梗阻：数据治理的挑战

1.3.1 制度之困：组织内生的桎梏

虽然政府部门逐渐意识到数据的社会价值，但是传统的数据管理体系无法满足大数据的管理需求。数据管理体系和配套制度建设落后于现实需要，难以有效支撑数据治理和数字化转型[1]。

一方面，数据共享的跨界复杂性与政府数据管理体制刚性之间的矛盾尤为突出。政府数据治理要求可以打破在政府部门与企业、社会之间无形的"数据壁垒"，以实现跨政府部门的数据交换与共享，有序推进政府数据、企业数据与社会数据的融合。数据治理是一个开放的生态系统，需要社会各界的广泛参与[2]。传统拘泥于单一机构的数据管理方式已不再满足现实需求，有必要建立跨政府部门，政府、企业和社会协同的数据治理组织模式，共同协商和处理数据开发利用问题。在现有政府数据管理体制下，传统模式的权威性和效力，以及决策和监督执行的过程，均呈现出一定程度的松散性和不可预见性，这给政府数据治理带来了前所未有的挑战。

另一方面，完善相关数据治理制度体系迫在眉睫，跨部门、跨行业和跨领域数据融合往往会造成各机构内部数据管理规范之间的冲突。因此，政府部门必须超越传统框架，建立起符合政府数据治理生态的一体化信息管理制度，以及基于信任的数据开发利用文化、数据安全追责机制等。此外，政府

---

[1] 于浩. 大数据时代政府数据管理的机遇、挑战与对策[J]. 中国行政管理, 2015, (03): 127–130.

[2] 郑磊. 开放政府数据的价值创造机理：生态系统的视角[J]. 电子政务, 2015, (07): 2–7.

部门还会遇到数据质量保证体系的建构问题、数据超载及数据碎片化问题、数据开放与保密问题、隐私保护的平衡问题等。要解决这些问题需要政府部门在数据开发利用的各个阶段，构建完善的隐私和安全保护机制，以及科学统一的数据治理制度框架。倘若数字技术没有被政府部门很好地吸纳，政府部门也没有对数字技术产生内生认可，那么两者之间相互修正与影响的效益为零，最终数字技术发展并不能给政府公共部门带来真正的革新[1]。政府部门在数据治理方面的制度缺位，是当前政府内部出现"无用"数据爆发式增长与"可用"数据短缺并存现象的根本原因[2]。

1.3.2　技术之殇：制约发展的短板

尽管我国政府数字化转型的决心强烈，但仍然面临着两个方面的挑战。

一方面，政府部门缺乏所需的技术能力。当政府部门越来越依赖数据治理时，也日益提升了对技术的需求和重视，而目前政府部门的人力资源构成显然无法匹配。数据治理迫切需要在数据收集、存储、处理、分析及解释等关键环节具备专业人才，特别是来自计算机、人工智能、心理学、工程学等领域的人才。因此，政府数据治理的关键在人[3]。过去熟练使用办公自动化（Office Automation，OA）、静态网站和社交媒体运营的政府部门信息技术（Information Technology，IT）人员，如何在大数据时代更新知识和提高技能，是值得关注的问题。同时，技术积累和行业积累的长周期性导致行业专家资源稀缺，很多政府的数据开发项目都需要具备行业知识和技术的

---

[1]　沈费伟, 诸靖文. 数据赋能：数字政府治理的运作机理与创新路径[J]. 政治学研究, 2021, (01): 104–115+158.

[2]　刘叶婷, 唐斯斯. 大数据对政府治理的影响及挑战[J]. 电子政务, 2014, (06): 20–29.

[3]　丁波涛. 政府数据治理面临的挑战与对策——以上海为例的研究[J]. 情报理论与实践, 2019, 42(05): 41–45.

专家来支撑和指导，但实际情况是专家数量供不应求，项目交付迟缓[1]。围绕数据价值开展的分析大多数局限于描述统计，或是一些可视化图谱，数据在改善组织内部管理、其他部门业务流程、支持地方政府决策等方面的效果有限[2]。

另一方面，政府部门存在数据标准不统一的问题。电子政务经过多年的发展，虽然建成了大量纵向和横向的业务系统，但建设时期、建设主体、业务领域的差异导致业务数据的标准格式不统一，系统异构、数据异构导致政府在数据治理过程中面临"数据孤岛"的困境。不同来源数据集的融合、汇聚需要对以往各自的数据格式、元数据等标准进行统一或者重新转换，例如数据标准体系建设、数据质量术语与评估维度、数据文件交换规范与原则、主数据分布原则，以及技术元数据、业务元数据和操作元数据的设计与应用管理，以促进多源数据集的跨界融合[3]。但是长期以来，各部门的信息系统独立建设，缺乏统一的数据采集标准、数据接口标准、数据存储标准和数据共享标准等，并且各部门的业务数据编码方式并未完全统一，不同部门之间的数据难以进行有效识别、对接和关联，影响了政务数据的有效整合与共享。同时，数据精细化管理能力不足，制约了数据的质量提升和价值发挥[4]。政府部门的数据来源广泛多元、数据体量巨大，缺乏数据采集、存储和使用的统一标准，造成信息不对称、数据不一致，严重影响了数据质量。

[1] 曹惠民, 邓婷婷. 政府数据治理风险及其消解机制研究[J]. 电子政务, 2021, (01): 81–91.

[2] 郑跃平, 梁灿鑫, 连雨璐, 等. 地方政府部门数字化转型的现状与问题——基于城市层面政务热线的实证研究[J]. 电子政务, 2021, (02): 38–51.

[3] 夏义堃. 试论政府数据治理的内涵、生成背景与主要问题[J]. 图书情报工作, 2018, 62(09): 21–27.

[4] 郑跃平, 甘祺璇, 张采薇, 等. 地方政府数据治理的现状与问题——基于43个政务热线部门的实证研究[J]. 电子政务, 2020, (07): 66–79.

1.3.3　安全之要：暗潮涌动的风险

政务数据共享开放环节复杂、数据流动频繁，过程中存在诸多数据泄露的风险，政务数据安全防护工作面临着极为严峻的挑战。一些国内外发生的数据泄露事件为我们敲响警钟——数据安全是数字化转型的前提，更是底线，高效运转的数字政府离不开坚实的数据安全"堤坝"。

一方面，随着政务数据进行大规模整合存储，大量的个人敏感信息、重要数据和涉及国家安全的数据高度汇聚，这在发挥数据价值的同时，也增加了大批量数据泄露的风险[1]，一旦数据泄露将造成巨大的损失。具体而言，数据高度汇聚将增加来自系统外部和内部数据泄露的风险[2]。一是外部攻击风险，不法分子攻击政务数据共享交换平台、城市大数据中心等大量政务数据汇聚的节点，将导致大规模的政务数据泄露；二是内部泄露风险，政务数据汇聚后，一旦出现操作不当的情况，将引发大规模的数据泄露，这会对政府调控、经济安全和国家安全造成重大影响。

另一方面，数字政府建设要求分类分级开放公共数据，有序推进公共数据资源的开发和利用，实现数据跨地区、跨部门和跨层级共享共用[3]。然而数据开放共享也增加了数据泄露的风险。在政务数据融合共享和开发利用的过程中，不同应用场景需要收集多方数据并进行加工处理和使用，大量分散的结构化和非结构化数据汇集，但各地、各部门政务数据分类分级标准不一致，难以进行有效的统一管控，容易造成非授权访问数据行为的发生。政务

[1]　王谦, 曾瑞雪. 社会技术系统框架下"数字政府"风险分析及治理[J]. 西南民族大学学报(人文社科版), 2020, 41(05): 226–233.

[2]　袁刚, 温圣军, 赵晶晶, 等. 政务数据资源整合共享：需求、困境与关键进路[J]. 电子政务, 2020, (10): 109–116.

[3]　王翔, 郑磊. 面向数据开放的地方政府数据治理：问题与路径[J]. 电子政务, 2019, (02): 27–33.

数据共享开放使政务数据从有限且可控的安全区域向不确定、不可控的风险空间延伸，边界安全机制无法有效防止数据在流动过程中被非法复制、传播和泄露等，基于安全边界的管理和技术措施或将彻底失效[1]。同时，鉴于海量的数据具有还原事实的能力，随着政务数据在开放平台上汇聚，不法分子通过对数据的归纳、总结、推理和关联分析，挖掘数据集间的关系，其依靠数据还原事实的可能性将显著增加，最终脱敏后的数据也将被再次识别，进而威胁到个人隐私、企业商机和国家机密[2]。

1.3.4　困难挑战：来自广东省的实例

1. 交通运输领域数据情况复杂

交通运输领域的业务类型复杂，路网、项目等基础数据涉及的部门众多，各类数据处理涉及的技术平台、数据模型专业性较强，而当前各部门、各单位职能界定不够清晰或相互交叉重叠、信息化系统"各自孤立"、数据标准缺失或难以落地、对数据治理的认识不统一、数据治理组织体系不完善等问题依然存在，广泛深入开展数据治理的难度极大。因此，信息化管理部门亟须梳理各部门、各单位的职能范围和业务内容，理清数据的来龙去脉，建立全省交通运输领域数据治理统筹联动机制，完善数据汇聚、管理、利用的制度规范、流程机制和组织机制，以有效支撑数据治理工作的高效开展。

2. 数据深入应用需求发掘不足

构建数据要素驱动的现代化交通运输治理体系及治理能力已成为新时期交通运输创新发展的战略方向。《数字交通"十四五"发展规划》提出以"数据链"为主线，打造交通要素感知全面、运输服务便捷智能、技术应用高效

[1]　夏义堃. 试论数据开放环境下的政府数据治理：概念框架与主要问题[J]. 图书情报知识, 2018, (01): 95–104.

[2]　张成福, 王祥州. 人工智能嵌入公共服务治理的风险挑战[J]. 电子政务, 2023, (01): 37–51.

融合、网络安全保障有力的数字交通体系。但是，目前数据应用更多停留在简单的统计层面，尚未挖掘出深层次的数据应用需求，未能体现出数据对管理创新的价值。而业务对数据的需求不够迫切，将导致开展数据深度治理的驱动力不足，难以持续发展。

3. 汇集数据资源整体质量不高

受制于数据标准不完整、业务流程不合理、应用系统不成熟和汇聚机制不完善，当前汇聚到广东省交通运输厅一体化数字平台的数据存在内容不完整、元数据管理不规范、数据更新频率低和跨系统数据不一致等问题。数据资源整体质量不高，难以满足数据应用对数据质量的需求，亟须建立健全可落地的数据标准规范，从源头开展元数据管理、数据质量管理等数据管理工作，从根源上杜绝"脏数据""垃圾数据""数据烟囱"和"数据孤岛"现象，防范低质量数据对业务效能带来负面影响。

4. 数据治理工作安全风险较高

当前，世界形势错综复杂，网络攻击、数据泄露等安全威胁日益严峻，亟须加快提升交通运输领域数据安全保障的能力。在巩固边界安全防护的基础上，数据管理部门需加强数据加密、数据脱敏，以及风险监测预警的能力，筑牢数据安全防线。同时，数据的管理和利用必须以法律法规、标准规范要求为准绳，通过监管工作实现闭环管理以降低安全风险。

▶▶ 1.4　实践探索：视为肯綮的监管

1.4.1　数据监管：立足全局的手段

为深入贯彻党中央、国务院的决策部署，落实广东省数字政府改革建设和交通强省的部署要求，促进全省交通运输数字化发展，统筹建立全省一体化交通运输领域数据治理体系，系统谋划全省交通数据资源规范化汇聚、标准化整合、便捷化共享和体系化应用，推进全省交通运输治理能力和治理水平现代化，广东省交通运输厅提出 2024—2030 年交通运输领域数据治理规划方向，构建优质、安全、合规的数据管理体系是全省交通运输治理体系和治理能力现代化的总体目标之一，即建立完善的数据质量管理机制，通过"层层治理"不断提升数据的质量，强化数据资源分类分级安全保护和风险监测，提高全省应急处置能力，筑牢数据安全防线，建设全生命周期数据监管制度，保障各项活动合法、合规、高效开展。

其中，数据监管体系旨在依托省市县（区）一体化数字平台，搭建数据监管制度规范、数据监管服务和数据监管技术三大体系，推进数据监管能力建设：一是搭建数据监管制度规范体系，梳理数据监管的"大原则"和"大方向"，从管理维度和技术维度完善数据监管制度规范；二是搭建数据监管服务体系，以数据全生命周期监管为主线，从管理、业务和技术 3 个维度，对平台建设、数据治理和数据安全等具体工作进行监管，实现事前、事中和事后全链条监管覆盖，保障数据"聚管用"各环节合法合规高效；三是搭建数据监管技术体系，通过设计、开发数据监管平台及工具，辅助数据监管工作的实施，实现监管科学化和智能化，并通过构建监管态势感知窗口，支持业务和管理决策，实现监管结果的可视化和全局化。广东省交通运输厅将健全数据监管体系作为重点任务，旨在推动全生命周期常态化数据监管，建立健全数据监管机制，持续强化数据治理监管、信息化建设项目数据监管和数据安全监管，保障数据"聚管用"各环节的合法、合规、高效。

1.4.2　创新驱动：擘画未来新蓝图

大力推进数字政府建设既是顺应变革趋势、构筑数字化时代国家竞争新优势的时代之需，也是开启全面建设社会主义现代化国家新征程、打造高质量发展新引擎的必然要求。推进数字政府建设，离不开坚实的数字底座与数字平台，加强数字政府建设的关键在于抓住"数据治理"的牛鼻子。2023 年 12 月 31 日，国家数据局等 17 部门联合印发《"数据要素 ×"三年行动计划（2024—2026 年）》，表明了我国从"互联网 +"过渡到"数据要素 ×"的融合发展思路。健全政务数据综合治理体系，既要注重数据共享与数据安全的有机统一，推进公共数据集中统一管理和全生命周期管理。也要做大做强数据资源平台，在国家治理体系内部打造便捷高效的公共数据共享体系，实现数据需求与供给的有序对接。基于数据要素的重要战略价值和实践意义，数字时代的政府数据治理成为描述现代政府治理能力的重要标准，也是推进国家核心竞争力的必然要求。

"苟利于民，不必法古；苟周于事，不必循俗。"广东省交通运输厅探索形成的建管分离、管运分离的数据监管理念和路径，建立共管共治、互相制约、互相驱动的高效能监管体系，具有重要的实践意义。因此，本书首先明确界定了"政务数据监管"的相关概念，从"政务数据"的内涵特征出发，系统介绍数据监管的主要内容、工作目的与行动原则。其次，本书紧扣政务数据监管体系的总体框架——主体、内容、目的、方式与效果，详细阐述政务数据监管的工作理念，以及面向业务、技术与管理的三维监管思路。再次，本书通过构建立足实践、着眼长远的开拓性、前瞻性的评估指标体系，为全面、科学、客观地反映地方政府数据治理基本情况提供了有力抓手。同时，本书还结合广东省交通运输厅数据监管探索实践和具体案例，为新阶段提升我国政府数据治理水平提供了借鉴和参考。最后，面对日益复杂的外部环境与逐步升级的发展要求，本书为政府部门做出有效应对、实现高效监管提供了一些应有举措。

随着数字技术的不断演进和应用创新的加速发展，政府部门日益认识到数据治理在整个社会发展和国家安全中具有重要意义。通过对上述内容的系统论述，一方面，本书旨在提出数据治理的创新理念——数据监管，即基于国家和行业的有关法律法规、政策制度，以及技术标准等文件的要求，对数据管理服务活动的行为和效果进行监督和管理的过程。开展政务数据监管对推动数据管理相关服务目标有效实现，确保目标实现过程的合规性和安全性具有现实意义。另一方面，本书基于对具体实践案例的分析评估，为践行数据监管理念提供行动参考，并在一定程度上揭示数据监管理念的实践价值，为广东省的数字政府模式在全国范围内推广起到重要的示范作用。数据监管在充分发挥企业的技术优势、渠道优势和专业运营服务能力的同时，对提升政府管理服务能力，提高数据治理和数字政府协同共治水平具有重要意义。

02

第 2 章

政务数据监管
相关概念与理论基础

▶▶ 2.1 政务数据的定义、特点与价值

2.1.1 政务数据的定义

政务数据是构建高效、透明且安全的政府数据管理体系的重要基础，而政务数据资源的整合、共享和利用是数字政府建设的核心内容[1]，对提升政府治理能力、保障国家安全和维护社会稳定具有重要的意义。其中，政务数据与政府数据、政务主题数据的概念紧密关联，但又各自具有特定的内涵和使用场景。正确认识它们之间的联系与区别，对于理解政务数据在公共事务中的价值至关重要。

1. 政府数据（Government Data）

政府数据通常是指政府机构在履行职能过程中产生或收集的所有类型的数据。政府数据包括统计数据、行政数据和法律法规执行数据等。政府数据的范围非常广泛，涵盖从国家安全、经济发展和社会管理到公共服务等多个方面，并涉及政府的各个部门和层级。政府数据常用于政策制定、公共管理和社会服务等，例如人口普查数据、经济统计数据等。

2. 政务数据（Government Administration Data）

政务数据更多地关注政府的内部管理和运行效率方面的数据。这类数据通常涉及政府的日常运作、行政管理和公共资源分配等，重点关注政府的业务处理和服务优化。政务数据侧重于政府的行政管理和服务提供，旨在提高

---

[1] 袁刚, 温圣军, 赵晶晶, 等. 政务数据资源整合共享：需求、困境与关键进路[J]. 电子政务, 2020, (10): 109–116.

政府的工作效率，优化服务流程[1]，常见于政府预算执行情况、公共项目进度数据和行政审批数据等。

3. 政务主题数据（Government Data Subject）

政务主题数据是指政府部门在履行经济运行、政务服务、市场监管和社会治理等职责时产生相关领域的主题数据。这些数据通常用于支持政府对特定领域的管理和监管，例如卫生、教育、交通等领域。其关注特定行业领域内的政府数据应用，在行业监管、特定领域的政策制定、事业发展支持等方面发挥重要作用。卫生部门的医疗服务数据、交通运输部门的道路安全数据和教育部门的学校运营数据是常见的政务主题数据。

综上所述，这 3 类数据共同构成政府部门的数据资源，共同支持政府部门的决策、管理和服务职能。从数据涵盖的范围来看，政府数据最广泛，政务数据侧重行政管理，政务主题数据则侧重特定领域。政府数据、政务数据和政务主题数据的关系如图 2-1 所示。

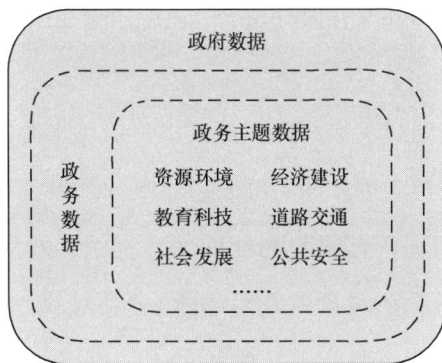

图 2-1　政府数据、政务数据和政务主题数据的关系

---

[1] 耿亚东, 常珍珍. 政务数据共享的生成逻辑与作用机制：概念界定、理论解释与展望[J]. 内蒙古大学学报(哲学社会科学版), 2024, 56(01): 74-86.

2.1.2 政务数据的特点

公共性。政务数据本质上属于公共资源，其产生的价值应该服务于公共利益。这要求政府在数据开放、数据共享和数据透明度方面提供相应的政策支持，来提高政府的透明度和公众的参与度。这种公共性还体现在数据利用主体所拥有的公平利用权上，该项权利与数据开放主体的管理职权，构成数据开放中"权利—权力"间相互促进和制约的关系结构[1]。

复杂性。政府部门在其日常运作中会产生大量数据。这些数据来源广泛，包括但不限于人口统计、经济活动、公共安全、健康服务等多个方面。政府部门之间广泛的数据交换和日益增长的自动化服务均会产生大量的数据。政务数据类型多样，包括结构化数据（例如数据库表格中的数值和文本）和非结构化数据（例如文本文档、视频、音频等），这要求政府拥有处理和分析不同数据类型的能力。因此，收集、存储和分析政务数据需要成熟且先进的技术方案。政务数据需要在不同的政府机构之间具有良好的互操作性，以支持跨部门、跨层级的数据共享和服务整合，并且需要一定的数据标准化和兼容性的技术支持。

权威性。政务数据的权威性不仅是其作为信息来源的重要特性，也是提升政府公信力和推动社会进步的关键因素。政务数据直接来源于政府部门和官方机构，政府部门在数据收集和处理的过程中，通常会采用标准化和系统化的方法来确保数据的准确性和可靠性。同时，政务数据的发布和使用符合法律法规，在法律上具有一定的权威性，可以作为法律和行政判决的依据。

---

[1] 王锡锌, 黄智杰. 公平利用权：公共数据开放制度建构的权利基础[J]. 华东政法大学学报, 2022, 25(02): 59–72.

时效性。政务数据需要实时或准实时更新，以确保提供的信息和服务是最新的。例如，交通管理、公共安全等领域的数据须具备较强的时效性。

2.1.3　政务数据的价值

政务数据作为一种重要的国家资源，其价值和潜在影响日益凸显。

政务数据的价值之一体现在其作为生产要素的价值。政务数据是生产要素之一，具有巨大的潜力。它不仅有助于提高政府治理能力，还能促进创新创业，为社会经济发展提供强大的动力。政务数据与社会数据融合，能够充分发挥多方数据资源专业化、全覆盖、公信力强的优势。政务数据在医疗卫生、交通出行、文化教育、城市服务[1]等方面发挥着巨大作用，能够提升政府组织运行的效率，促进组织知识链条的延展[2]，推动社会治理模式的创新，从而丰富数字化、便捷的服务场景，全面提高数据治理能力和服务效能。

政务数据的价值之二体现在其赋能政府建设的价值。国家层面已明确数据生产要素的价值定位，政府部门应加强对政务数据的认识，优化数据资源配置，提高数据利用效率，通过调整政府组织结构优化所使用的数据技术[3]，为进一步构建数字政府、智慧社会奠定坚实基础。

---

[1] 孙君, 陈玲. 城市公共数据的价值实现机制与政府作用[J]. 科学研究, 2014: 1–18.

[2] 周霞, 陈为东, 曾思瑜. 知识链模型视角下政府开放数据流转与价值增值模式研究[J]. 情报资料工作, 2024, 45(03): 86–95.

[3] 黄甄铭, 魏娜, 梁正. 跨部门数据共享源于机构变革还是动机转变？——基于浙江省M区的案例研究[J]. 管理世界, 2024, 40(05): 87–106.

▶▷ 2.2　数据监管的概念与特征、目的、原则

2.2.1　数据监管的概念与特征

数据监管（数据管理服务监管）是指依据有关法律法规、政策制度、技术标准等文件要求，针对数据管理相关服务活动的行为和效果，进行监督和管理的过程。数据监管旨在推动数据管理相关服务目标的有效实现，确保目标实现过程的合规性、安全性。

数据监管具有以下三大特征。**一是以数据为核心**，数据作为数据监管工作的客观对象，确保数据的收集、存储、处理、传输和使用符合法律法规的要求，是开展数据监管工作的基础。**二是贯穿数据活动的全过程**，数据活动涉及数据的收集、存储、处理、传输和分享等多个环节，在其生命周期内存在各种潜在的风险，例如数据泄露、滥用、误用等，通过对贯穿整个数据活动过程的监管，可以有效识别和管理数据安全风险，减少数据安全问题的发生。**三是独立于数据治理实施**，独立的数据监管可以确保监管行为的公正性和客观性，有效监管和评估内部治理实践的合规性和有效性，以提高监管的公正性和效率，确保数据治理的规范和透明。

2.2.2　数据监管的目标

数据监管的目的之一在于推动数据管理相关服务目标的有效实现。其中，数据管理相关服务在于实现以下目标。**一是保证数据质量**，确保数据的准确性、完整性和一致性，涉及数据清洗、验证和去重等活动。**二是保证数据安全**，保护数据不受未授权访问和数据泄露的威胁，包括实施访问控制、数据

加密和定期的安全审计等一系列工作。**三是确保数据合规**，使数据的存储和使用遵守相关法律法规和行业标准，例如《中华人民共和国数据安全法》《工业和信息化领域数据安全管理办法（试行）》等。数据监管通过制定政策、监督执行和评估数据管理实践的有效性，为组织提供了必要的框架和支持，确保数据管理目标的实现。

数据监管的目的之二在于确保目标实现过程的合规性、安全性。实施严格的数据监管政策和措施，不仅可以保护个人和企业的利益，还可以增强公众对使用和分享数据实体的信任，这种信任是推动数字经济发展和创新的基石。同时，强化数据监管也有助于确保技术的发展和使用，在增进社会福祉的同时不损害个人权利或公众利益。

2.2.3　数据监管的原则

政务数据监管的原则主要包括以下 4 点。

一是落实监管主体。 数据监管遵循谁管理谁负责、谁提供谁负责、谁使用谁负责的原则。这是数据监管的基本原则，要求各个参与方对自己职责范围内的数据管理负责。

二是履行数据质量管理。 数据监管需要建立健全数据质量管理机制，提高数据的准确性、完整性和一致性，确保数据真实可用、高效共享。

三是贯彻数据监管法治。 数据监管应严格遵守《中华人民共和国数据安全法》《中华人民共和国个人信息保护法》《中华人民共和国保守国家秘密法》《中华人民共和国网络安全法》等法律法规，确保数据隐私不被侵犯。

四是明确数据监管标准。 数据监管明确可流通数据的技术要求、质量评价、风险评估规范，完善数据产品的合规审查和审计办法，确保流通数据来源合法、交易主体资质明晰。

以上原则是为了确保政务数据的有效管理、安全使用和高效共享，同时保护数据来源者和数据处理者的合法权益，其有助于推动政务数据的有序流通，提高政府管理水平和服务效能，为推进国家治理体系和治理能力现代化提供有力支撑。

▶▶ 2.3　数据监管体系的界定与构成

2.3.1　数据监管体系的界定

数据监管体系是指用于监督和管理数据使用、处理、存储和传输的综合性系统，旨在确保数据的准确性、完整性、安全性和合规性，以满足组织的业务需求并保护利益相关者的权益。

数据监管体系应具有数据规范管理、数据质量监管和数据安全监管 3 个方面的职能。数据规范管理的主要管理活动有规范收集、规范分类、关联和索引，以及规范数据建设[1]。为实现数据在平台间流通共享和协同监督，需要在数据规范监管过程中对数据质量标准、元数据标准、数据建模标准、数据安全标准等进行统一规范，以保证数据一致性、规范性和完整性。数据质量管理的职能要求在城市大数据生命周期的整个过程中对数据质量进行严格把控，对每个阶段可能引发的各类数据质量问题进行识别、监控与预警。数据安全管理包括两个方面的内容：**一是数据物理安全，确保数据存放设备的完整与正常运行；二是数据内容安全，保护采集的居民数据中的个**

---

[1]　吴金红, 陈勇跃. 面向科研第四范式的科学数据监管体系研究[J]. 图书情报工作, 2015, 59(16): 11–17.

人隐私不被泄露[1]。

2.3.2　数据监管体系的构成

数据监管体系是一个综合性的监管机制，涵盖了组织架构、政策法规、技术业务支持和数据基础资源保障等要素，这些要素相互关联、相互作用，共同构成了数据监管体系的核心框架。

组织架构是数据监管体系的重要组成部分，包括职责体系与人员配置。数据监管体系需要建立可持续的数据治理组织架构，配备专业的数据监管人员，负责数据质量监控、安全保护和共享交换等工作。同时明确数据治理的职责，确保管理层级分明、职责分工清晰，为数据监管提供坚实的组织保障。

政策法规是数据监管体系的基本制度保障，为数据的使用、处理、存储和传输提供了明确的法律框架和指导原则。因此，数据监管相关部门需要根据政务数据的特点和需求，制定全方位、相对应的监管政策和法规，包括数据安全法律法规、行政法规与部门规章等，为数据监管提供法律保障。

技术业务支持为数据监管体系提供了必要的技术手段和业务支持，是数据监管体系的关键环节。采用先进的数据处理、加密和审计等技术手段，运用先进的数据分析和挖掘技术，对海量数据进行快速处理和分析，能够有效提高数据监管的效率和准确率，确保数据的安全和合规使用。同时，构建稳定、高效的数据监管技术平台，能够为数据监管提供技术支持和保障。

数据基础资源保障是数据监管体系的硬件基础，包括网络设施、算力设施、流通设施和安全设施。网络设施支撑着数据的汇聚、处理、流通和应用

---

[1] 曾子明, 杨倩雯. 面向第四范式的城市公共安全数据监管体系研究[J]. 情报理论与实践, 2018, 41(02): 82–87.

等各个环节；算力设施是数据处理和分析的关键，能够通过提供强大的计算能力，支持大规模数据的实时处理和分析，为数据监管的决策提供支持；流通设施包括数据交易平台和共享平台等，它们为数据的流通提供了便利和保障；安全设施是保障数据安全的重要措施，能够防止数据被非法访问和使用，确保数据的机密性、完整性和可用性。

2.4 政务数据监管的理论基础

2.4.1 数据治理理论

数据治理的概念起源于企业和各类组织，侧重于对组织内部数据本身的管理操作。早期，许多学者认为数据治理与数据管理类似，将其界定为采集、加工、控制、传输和保存等数据活动。2014 年，我国学者提出"数据治理"的概念，随着互联网、大数据等技术的发展，数据治理的概念与本质重新被人们探究，其研究重心也从过去的企业组织转向了政府公共领域[1]，"政府数据治理"成了一个重要的治理议题。黄静和周锐总结了政府数据治理的特征，分别是空间重构、虚实同体、数据生态、数据为王、主体协同和智能精准[2]。黄璜将数据治理分为宏观、中观和微观 3 个部分，认为政府的数据治理存在于国家、社会及组织内部等各个层级[3]。同时，人们逐渐认识到数据治理的重要性，认为数据治理是政府应用新一代技术挖掘数据蕴藏的价值，提供高效满意公共服务，使城市建设实现全方位、多维度的互联、互通、互动，以

[1] 徐雅倩，王刚. 数据治理研究：进程与争鸣[J]. 电子政务, 2018, (08): 38–51.
[2] 黄静，周锐. 基于信息生命周期管理理论的政府数据治理框架构建研究[J]. 电子政务, 2019, (09): 85–95.
[3] 黄璜. 美国联邦政府数据治理：政策与结构[J]. 中国行政管理, 2017, (08): 47–56.

及彼此间协调运作的重要保障[1]。

数据监管是数据治理全流程中的关键环节，数据监管通过对数据处理活动的监督和检查，及时发现和纠正数据处理过程中的问题，确保数据治理的政策得到有效执行，并为数据治理提供反馈和建议，促进数据治理的不断完善和优化。数据治理理论为数据监管的研究提供了基础的理论视角，为数据监管体系的构建提供了指引。

2.4.2 回应性监管理论

回应性监管理论（Responsive Regulation Theory）是一种强调监管者应根据被监管对象的具体情况和需求，灵活调整监管策略和手段的监管理论。该理论最初由美国学者伊恩·艾尔斯（Ian Ayres）和澳大利亚学者约翰·布雷斯维特（John Braithwaite）于 1992 年提出，他们分别从经济学博弈论和社会学的角度进行讨论，认为发展政府监管和非政府干预手段的混合模式能够达到最佳效果，从而解决政府监管职能扩张与法律法规分散繁杂之间的矛盾，进而提高监管效率。在组织形式上，该理论认为政府应该建立以节点治理网络为基础的对话平台，保证各种监管主体的地位，提高其监管能力，从而形成共同监管的局面[2]。回应性监管理论在多个领域得到广泛运用，例如税收、金融、食品安全和环境保护等领域，近年来逐步扩展到公共治理、民主治理等领域，成为非常具有影响力的规制和治理理论之一。

随着技术的不断进步和政务数据的不断增加，监管方式需要更加灵活和智能。回应性监管理论提出的动态化、智能化和差别化监管方式，可以帮助

---

[1] 明欣, 安小米, 宋刚. 智慧城市背景下的数据治理框架研究[J]. 电子政务, 2018(08): 27–37.

[2] 杨炳霖. 监管治理体系建设理论范式与实施路径研究——回应性监管理论的启示[J]. 中国行政管理, 2014(06): 47–54.

政府部门更好地应对数据监管中的挑战。回应性监管理论为政务数据监管的事前、事中、事后的全链条体系提供了理论支撑，引导政府针对不同领域、涉及多方主体的政务数据科学合理地设计监管体系，并采取多样化的政务数据监管策略。

2.4.3 技术中立性理论

技术中立性理论也被称为"技术中性论"或"技术工具论"，主张技术只是一种方法论意义上的工具或手段，即技术本身不带有任何特定的价值、道德或社会影响。该理论强调技术本身是中立的，技术应用可能带来的社会影响和价值判断取决于使用者的目的和行为。

技术中立性理论为政务数据监管提供了重要的理论基础，该理论有助于平衡技术创新与数据监管，构建一个能够充分确保数据安全和合法性的政务数据监管体系。在政务数据监管的情境中，技术中立意味着政务数据处理的技术手段本身是中立的，不直接决定数据使用的善恶或合法性。因此，政务数据监管的重点应放在数据使用行为上，在构建政务数据监管体系的过程中，需要确保数据使用的合法性、安全性和公正性，避免数据滥用或侵犯个人隐私等问题。

03

第 3 章

政务数据监管
体系建设概述

▶▶ 3.1 数据监管体系的总体框架

3.1.1 数据监管体系的核心要素

数据监管是指监管机构、数据处理者和其他组织使用政策、法规和标准等工具对数据采集、加工、利用、交易、接入和共享等活动所产生的一系列负面影响进行的治理行动[1]。政务数据监管活动涉及监管主体、监管内容、监管目的、监管方式和监管效果，共同组成"3W1H1E"的要素结构。

1. 监管主体（Who）

监管主体主要包括政府监管机构、第三方评估机构、企业、社会组织与公众等。其中，政府部门负责设立专门的数据监管机构，制定和实施数据政策、法规和标准，确保政务数据管理的合规性和有效性。在我国，政府数据监管机构主要包括国家数据局和各省市组建的数据管理部门，例如北京市大数据中心、天津市大数据管理中心和浙江省大数据发展管理局等。各级政府数据监管机构作为领导与统筹方，负责指导监管工作并制定相关的工作制度或规范，统筹基础设施建设，而其他相关部门则根据其职能承担一定的监管工作，例如网信部门、保密部门等[2]。

同时，第三方评估机构独立于政府监管机构，负责对政务数据管理进行评估和审计，提供客观的评价和改进建议，提高监管的专业性和客观性。而

---

[1] 唐要家, 马中雨. 数据监管制度框架与体系完善[J]. 长白学刊, 2023, (06): 100–107.
[2] 周文泓, 代林序, 文利君, 等. 我国政府数据治理的政策内涵研究与展望[J]. 现代情报, 2023, 43(10): 85–96.

企业、社会组织与公众作为政务数据的提供者、使用者和受益者，应当参与政务数据的管理和监督过程，以提升监管的民主性和透明度。

2. 监管内容（What）

监管内容主要包括政务数据的收集、存储、处理、传输、共享和开放等环节。数据监管的三大重点内容是数据质量控制、数据安全管理和数据合规审查。首先，数据质量控制可以确保数据的准确性、完整性和一致性，提高数据的可靠性和可用性。其次，数据安全管理包括个人数据隐私保护和国家数据安全保护；前者保护的是个人权益，重在强化所有者对个人数据信息的控制权；而后者保护的是公共利益，能够保障国家数据的机密性和完整性，防止数据被泄露、损毁和篡改。最后，数据合规审查是对政府部门的数据管理活动进行合规性审查，确保数据管理活动符合法律法规和政策要求，防止出现数据滥用和侵权行为。

3. 监管目的（Why）

政务数据监管是数据治理的重要环节，是目的导向的活动[1]。监管目的主要包括规范政务数据管理和使用行为、保障政务数据安全、实现数据服务目标与价值等，政务数据监管需要建立多目标平衡理念[2]。在政府数据监管目的方面，规范政务数据管理和使用行为，以及确保政务数据使用合规合法是政务数据监管活动的基本目的，也是其他目的实现的前提；数据安全和隐私保护是政务数据监管关注的重点，防止政务数据被不当或错误使用；价值创造是数据监测活动的终极目标，改善政府管理模式，创新政府治理模式，优化公共服务，支撑和实现政府管理的战略目标。

---

[1] 安小米, 白献阳, 洪学海. 政府大数据治理体系构成要素研究——基于贵州省的案例分析[J]. 电子政务, 2019, (02): 2–16.

[2] 唐要家, 马中雨. 数据监管制度框架与体系完善[J]. 长白学刊, 2023, (06): 100–107.

4. 监管方式（How）

目前，相关部门主要通过制定法律法规、提供政策指导、完善技术手段和实施管理措施等方式推动政务数据监管进程。首先，制定《中华人民共和国网络安全法》《中华人民共和国数据安全法》《中华人民共和国个人信息保护法》等法律法规，运用法律效力规范政务数据管理和利用行为。其次，各级数据监管机构制定数据政策、数据标准和数据指南等，指导政务数据的收集、使用和管理。再次，完善数据监管技术和提升技术水平，包括数据加密、身份认证、访问控制和安全审计等技术，保障政务数据安全和隐私保护。最后，实施数据质量管理、数据安全审计和数据合规审查等管理措施，提高政务数据的质量，规范政务数据监管。

5. 监管效果（Effect）

监管效果主要包括有效规范政务数据管理和使用行为、政务数据安全合规和个人隐私与数据权益得到保障、有效提升政务数据质量、促进政务数据高效流通等，进而实现政务数据监管目标，推动政府数据治理能力现代化。通过评估和监测监管效果，相关政府单位可以及时发现问题并采取相应的措施进行改进和优化。

3.1.2 数据监管体系的理论框架

体系即系统，任何体系都是由一定要素及其相互关系构成的[1]。数据监管体系是围绕数据监管活动而形成的由一系列要素及其相互关系所构成的有机整体。数据治理体系包括数据治理组织管理体系、数据枢纽体系、数据资源体系、数据运营体系、数据安全体系和数据监管体系等。数据监管体系是数据治理体系的重要组成部分。因此，置身于数据治理体系的场域是探讨数

---

[1] 丁志刚. 如何理解国家治理与国家治理体系[J]. 学术界, 2014, (02): 65–72+307.

据监管体系架构的前提。数据监管体系是以价值与责任为目的导向，以安全性和合规性为业务理念，以数智技术为技术基座，以管理制度为制度保障的综合性系统。数据监管体系如图 3-1 所示。

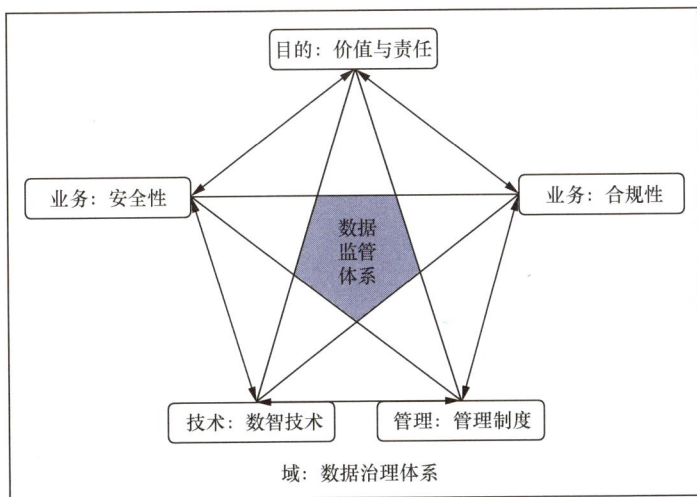

图 3-1　数据监管体系

1. 目的：价值与责任

构建数据监管体系的目的是提升应用价值和保障合规安全。在提升应用价值方面，数据监管体系旨在实现数据的价值最大化，确保数据在组织中的有效利用和增值。通过对数据的挖掘、分析、共享和利用，支持政府决策制定和组织业务创新，提高决策质量，创新政府治理，优化公共服务[1]。在保障合规安全方面，数据监管体系强调数据使用过程中的责任，确保数据活动符合道德和法律，包括对数据隐私的保护、对数据质量的维护，以及对数据伦理的遵守，有助于避免决策失误和经济损失，降低合规风险。

2. 业务：安全性与合规性

数据监管体系将业务安全性置于核心地位，涵盖了数据的机密性、完整

---

[1]　张绍华,潘蓉,宗宇伟.大数据治理与服务[M].上海：上海科学技术出版社,2016.

性和可用性三大要素。通过建立健全的数据安全管理制度，确保在数据的采集、存储、处理、传输和销毁等各个生命周期，数据都能够得到严格的安全控制。为了提升业务安全性，数据监管体系采用了先进的数据加密技术、访问控制机制和网络安全措施，防止数据在存储和传输过程中遭受未授权访问或篡改，从而显著提升了业务的安全性，确保数据的完整性和业务流程的连续性及可靠性。

此外，数据监管体系也着重强调业务的合规性，确保所有业务活动均符合适用的数据保护法规、隐私保护条例及相关行业标准。通过持续的法律监管和政策更新，该体系能够适应不断变化的法律环境，有效避免因法律法规更新而带来的合规风险。通过执行合规风险评估，该体系能够识别和管理潜在的合规风险，及时探测合规问题并采取相应的预防措施。通过确保数据活动的合规性，数据监管体系不仅保障了数据的安全性，还维护了数据使用和处理的合法性，进而增强了数据主体对数据处理的信任度。

3. 技术：数智技术

数据监管体系依赖于先进的数智技术，例如先进的数据分析和挖掘技术、数据加密与审计技术、人工智能技术等，能够帮助监管机构更好地理解和分析数据活动，从而及时发现和应对潜在的风险和问题，以提高数据监管的效率和监管效果。数智技术为数据监管体系提供了技术支持，包括对数据进行实时监控、预测分析和自动化决策支持，使其能够更好地应对数据活动中的挑战和风险。

4. 管理：管理制度

数据监管体系需要建立完善的管理制度，包括数据安全法律法规、行政法规与部门规章等，为数据监管体系提供制度保障，确保数据监管活动能够顺利进行。管理制度还涉及对数据监管流程的优化和改进，以及对数据监管团队和人员的培训和激励，有助于提高数据监管的质量和效率，并促进数据监管体系的长远发展。

3.1.3　数据监管体系的内容组成

在数字政府和数字中国建设的过程中，数据监管扮演着至关重要的角色。为了应对当前的数据监管挑战并借鉴实践经验，政府部门依托省（自治区、直辖市）、市、县（区）一体化数字平台，构建了一个包含数据监管制度规范、数据监管服务和数据监管技术三大体系的综合性数据监管框架。

首先，建立数据监管制度规范体系。这涉及确立数据监管的基本原则和方向，并从管理和技术的双重视角出发，完善数据监管的制度和规范，包括法律法规、政策指引、行业标准及操作规范等，形成一套全面、科学和可操作的数据监管制度规范体系。这一体系应覆盖数据采集、存储、处理、共享、交易和销毁等各个环节，确保监管活动的系统性、连续性和有效性。

其次，构建数据监管服务体系。该体系应以数据全生命周期的监管为核心，从综合管理、业务和技术 3 个维度，对平台建设、数据治理和数据安全等关键环节进行细致的监管，以实现事前预防、事中控制和事后监督的全链条监管，确保数据在汇聚、管理和应用各环节的合法性、合规性和高效性。

最后，开发数据监管技术体系。通过设计和开发数据监管平台及相关工具，支持数据监管工作的有效实施，推动监管活动的科学化和智能化。此外，通过建立监管态势感知窗口，为业务和管理决策提供数据支持，并实现监管结果的可视化和全局化，从而提升监管效能。

综上所述，通过构建一个多维度的数据监管体系，可以有效地推动数字政府建设，确保数据资源的安全、合规和高效利用，进而促进政府治理能力的现代化和数字化。

▷▷ 3.2 监管理念：面向数据治理过程、目标实现的全过程管理

3.2.1 总体目标

我国数据监管的总体目标是平衡数据安全与数据开发应用之间的关系，可以凝练为两个核心概念，即合规与应用。

1. 守合规底线：督促服务过程合规安全

在数据监管过程中确保服务过程中的数据活动符合法律法规和道德标准，督促服务提供者严格遵守数据安全与隐私保护的规范，从而保障数据的安全性和可靠性。此外，在数据监管过程中还需要关注数据质量的管理，以及数据共享和开放的透明度，以提升数据的可信度和使用价值。

2. 提升应用效能：推动服务目标有效实现

数据监管的目标包括优化数据管理和应用机制，促进数据资源的有效开发与利用，支持服务目标的实现，进而增强数据驱动的决策能力和创新潜力。同时，还包括鼓励数据创新和智慧应用的研发，推动数据技术在政务、商业和社会各领域的深度融合，以实现数据价值的最大化。

综上，数据监管不仅强调数据保护的重要性，也注重数据价值的挖掘与应用，以实现数据资源的社会效益和经济效益最大化。

3.2.2 具体方向：业务、技术、管理三位一体

1. 业务实现

确保业务目标具有明确性和清晰性，以支持数据监管的有效实施；保障

业务响应在安全监管方面的有效性和合规性；提升业务应用的效能，以促进数据资源利用的最大化。具体而言，数据监管过程中需要制定业务目标和绩效指标，明确数据监管在业务流程中的角色和责任，并通过数据分析和反馈机制，持续优化业务流程，提高业务响应的效率和效果。

2. 技术赋能

采用合理且先进的技术方案设计，确保技术实施过程中的合法性和合规性；确保技术交付结果的机密性、完整性和可靠性，以强化数据监管的技术支撑。这要求监管团队不断了解和评估新兴技术的发展，例如人工智能、区块链等，并分析它们在数据监管中的应用潜力，同时确保技术实施符合法律法规和行业标准。

3. 管理提效

构建合理的管理体系框架，以优化数据监管的流程和机制；持续优化管理过程，提升管理活动的效率和效果；确保管理成果的可见性和可感知性，以增强数据监管的实际成效。有效的管理不仅包括制定政策和程序，还包括建立监测和评估机制，以衡量管理活动的效果，并根据反馈进行调整和改进。

这种三位一体的数据监管模式，将业务、技术与管理的协同作用发挥到极致，从而在确保数据安全的同时，促进数据的开发利用，实现数据监管的目标。这种综合性方法可以确保数据监管活动不仅符合法律和伦理标准，而且能够支持组织实现战略目标。

3.2.3　主动监管：理念与方法

在传统的被动监管模式中，政府监管往往局限于事后的响应，即在出现社会治理问题后，以解决问题为目标的监管模式。然而，随着信息与通信技术的飞速发展，政府执政的技术环境经历了深刻的变革，对传统的政府治理理念和治理方式提出了严峻挑战。原有的行政组织架构及其相关制度体系不仅无法满足新技术发展的需求，甚至可能成为新技术发展的阻力，导致技术在行政组织中的应用效率下降[1]。因此，在这种情形下，要求政府主动适应数字化发展的新需求，**采取主动监管模式代替被动监管模式**，发挥数据赋能在事前预防和事中控制方面的积极作用，不断提升数据资源管理的履职能力。

数据主动监管是指监管机构、数据处理者和其他组织在数据生命周期的各个阶段，通过预先规划和持续监控，主动识别、评估和预防潜在的数据风险，并采取措施以降低这些风险的管理活动。数据主动监管的核心在于通过前瞻性的策略制定和实施，以及对数据活动的实时监控和审计，确保数据处理过程的合规性、安全性和效率，从而最大限度地减少数据治理的负面影响。与被动监管相比，主动监管强调在问题出现之前采取措施，而不是在出现问题之后进行补救。这种监管模式有助于提高数据治理的质量和效率，促进数据的合理利用，并保护好个人隐私和数据安全。主动监管有助于组织更好地控制数据风险，保护数据资产，并确保数据处理活动符合法规要求，从而为数据驱动的业务创新和增长提供坚实的基础。

主动监管的核心理念在于通过预先规划和持续监控，实现对政务数据活动的主动识别、评估和预防，从而最大限度地减少数据治理中的负面影响。为了实现这一目标，推动政务数据监管由被动监管模式走向主动监管模式的方法主要包括以下 4 个方面。

首先，构建法规与政策框架是政务数据主动监管的基础保障。通过制定

---

[1] 徐晓日. 技术变革、资源统筹与组织调适：国家数据管理体系的改革逻辑及其展望[J]. 理论学刊, 2023, (03): 105–114.

并完善相关法律法规与政策制度，为政务数据监管提供坚实的法律基础和政策导向，确保政务数据处理活动符合数据保护法规和标准，并采取措施保护政务数据的安全性和隐私性。

其次，动态监测数据风险是政务数据主动监管的关键环节。政府部门需要建立数据风险评估机制，及时评估政务数据活动中的潜在风险，并实施动态监测，以实现对风险的实时把握和预警。通过这种方式，政府部门可以主动识别和应对数据活动中的潜在风险，从而推动政务数据监管向主动监管模式转变。

再次，发展数据监测技术是政务数据主动监管的技术支撑。政府部门应开发和采用先进的数据监测技术，例如大数据分析、人工智能等，以提高政务数据监测的准确性和效率，实现对数据活动的全面监控，进而提高政务数据监管的效能，确保政务数据活动的合规性、安全性和效率。

最后，增强主动监管意识是政务数据主动监管的有力抓手。通过培训和教育，提升政务人员对数据监管的主动意识，使其能够主动识别和应对数据活动中的潜在风险，推动政务数据监管向主动监管模式转变。

综上所述，通过构建法规与政策框架及时评估与动态监测、数据风险、发展数据监测技术，以及培养政府人员的主动监管意识，政府部门可以构建一个全面、动态的政务数据监管体系，实现从被动监管向主动监管的转变，以适应数字化发展的新需求，提升政务数据治理的效能。

▶▶ 3.3　监管思路

提升数据监管效能的关键在于构建"业务—技术—管理"三位一体的数据监管体系。因此，数据监管的思路可以从这 3 个层面展开深入探讨。

3.3.1 业务：监管应服务于业务目标的达成

业务需求是数据监管体系构建的核心，数据监管活动应当服务于业务目标的实现。数据监管体系在业务层面的构建包括业务需求理解、业务需求响应和业务应用交付 3 个关键环节。从业务需求理解监管出发，贯穿需求落实的全过程监管，直至业务应用成效评估结束，形成一个业务监管的闭环，以实现业务目标明确化、业务响应安全化和业务应用效能的优化。

首先，在业务需求理解环节，首要任务是深入解读业务需求，确保业务目标的明确性和可实现性。此过程涉及对业务需求的全面分析，以便确立监管目标，进而协助对业务需求的准确理解。其次，在业务需求响应环节，应依据业务目标，开展数据治理、数据安全和平台建设等一系列工作。在此基础之上，实施落实需求的监管活动，审查实施过程的合规性，及时识别实施过程中的风险与问题，并进行纠偏，确保实施内容与业务目标保持一致。最后，在业务应用交付环节，将建设成果应用到业务实践中，以业务应用效果检验建设成效，同时审查建设成果，确保成果应用满足业务需求，评估是否实现业务目标。

在数据监管的具体实施过程中，涉及需求提出方、建设实施方[1]和数据监管方三方主体，这三者之间相互联系、相互作用。需求提出方、建设实施方和数据监管方在业务层面的互动如图 3-2 所示。需求提出方对建设实施方提出业务需求，并进行验收，同时向数据监管方传递业务需求；建设实施方需要响应和落实需求提出方所提需求，同时回应数据监管方提出的问题，并积极配合整改；数据监管方负责监管建设实施方的行为，并为需求提出方提供需求建议，以确保监管的有效性和业务的顺利进行。

1　建设实施方包括平台建设方、数据治理方、安全服务方（下同）。

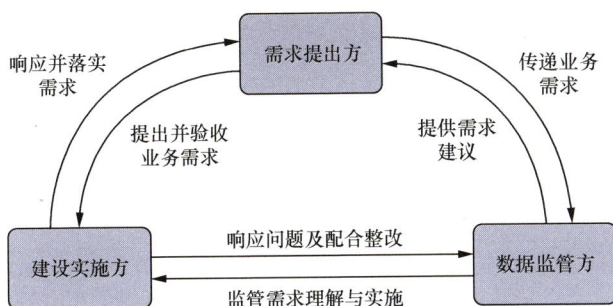

图 3-2　需求提出方、建设实施方和数据监管方在业务层面的互动

3.3.2　技术：监管应主动引领技术创新

技术合理性、合规性是数据监管体系建设中的关键要素，监管活动应当主动引领技术创新，确保技术方案的科学性、合理性和有效性。数据监管体系建设在技术层面包括实施前准备、开展技术实施和交付建设成果 3 个环节。从技术规范等监管依据出发，贯穿技术实施全过程监管，直至建设成果的交付审查结束，形成技术监管闭环，以此实现方案设计的合理性与先进性、执行过程的合法性与合规性，以及交付结果的安全性与可靠性。

首先，在技术实施前准备环节，监管团队需要依据项目要求及相关技术规范，设计科学、合理、有效的技术方案，作为技术实施的依据。随后，对标技术规范、标准，提炼监管目标，再从技术路线的合理性、安全性和先进性等角度审查并深化设计方案。其次，在开展技术实施环节，需要依据项目要求及相关技术规范，设计科学、合理、有效的技术方案，作为技术实施的依据，并审查其是否遵循技术规范要求，关注技术的合理性、兼容性、安全性和先进性等指标的实现情况，确保技术实施过程合规、技术运用得当。最后，在交付建设成果环节，目标在于实现建设成果的规范化、标准化、安全性、可靠性和先进性。在此阶段，必须对技术实施的交付成果进行严格审查，确保其满足既定的技术参数和性能标准。这一过程旨在保障交付成果的安全性、可靠性和适用性，从而满足业务需求并支持持续的业务流程优化。

在技术层面，数据监管涉及的三方主体之间存在着紧密的互动联系，需求提出方、建设实施方和数据监管方在技术层面的互动如图 3-3 所示。需求提出方要向建设实施方提出并验收技术需求，并将这些需求传递给数据监管方；建设实施方则需要响应并落实需求提出方的技术需求，同时响应数据监管方提出的问题，并积极配合整改；数据监管方负责对技术实施的全过程进行监管，并为需求提出方提供技术建议，以确保技术监管的有效性和技术的顺利实施。

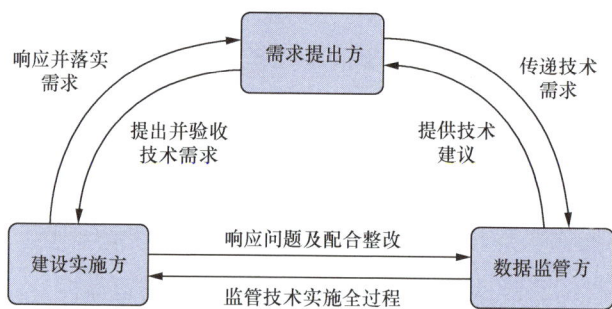

图 3-3　需求提出方、建设实施方和数据监管方在技术层面的互动

3.3.3　管理：数据治理需要管理加强赋能技术实现

数据治理是一项循序渐进的系统性工程，其能否成功实施依赖于管理层面的持续赋能与技术实现的紧密结合。数据监管体系建设在管理层面包括前期建章立制、过程纠偏补齐和总结经验教训 3 个环节。这 3 个环节共同构成了项目全过程的监管，促使实施主体贯彻全流程管理不松懈的理念，实现"事前建制、事中纠偏、事后总结"的管理闭环，以此实现管理体系设计的合理性、管理过程的持续优化和管理结果的有效性。

首先，在前期建章立制环节，需要构建项目管理体系，涵盖组织架构的搭建、人员配置、流程设计和保障机制的建立等。随后，需要监督实施单位落实项目管理体系的建立，并针对发现的问题提出整改措施。其次，进入过程纠偏补齐阶段，需要对管理体系进行优化和调整，包括组织架构及人员的变动、过程监控、风险控制和流程优化等。在这一阶段，应持续监督实施单位根据实际情况不断优化管理体系，对前期设计不合理的管理机制进行纠偏，并补充缺少的环节。最后，在总结经验教训环节，需要总结项目实施过程中的经验教训，并对标准化的服务流程、服务成果进行宣传和培训。此外，还需要进一步监督实施单位开展周期性的工作经验总结，并进行宣传和培训，以提升管理效能并持续改进。

在管理层面，数据监管涉及三方主体之间的互动，需求提出方、建设实施方和数据监管方在管理层面的互动如图 3-4 所示。需求提出方对建设实施方提出并验收管理需求，同时向数据监管方传递管理需求；而建设实施方则需要响应和落实需求提出方的管理需求，同时回应数据监管方提出的问题，并积极配合整改；最后数据监督方负责协同监理监管项目管理全过程，并为需求提出方提供管理建议，以确保管理监管的有效性和管理活动的顺利进行。

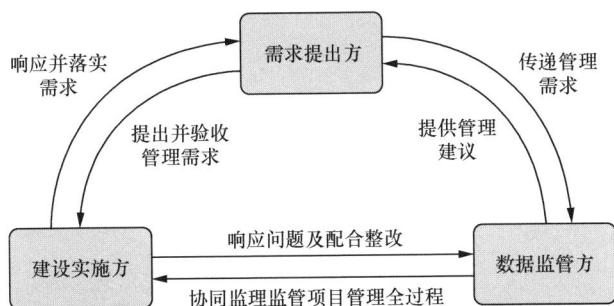

图 3-4　需求提出方、建设实施方和数据监管方在管理层面的互动

04

政务数据监管
实施及评估体系建设

▶▷ 4.1 数据治理监管

4.1.1 数据治理监管定义

数据治理监管是指对数据治理活动的全过程进行监控、评估、指导和约束的一系列管理活动。它旨在确保数据治理策略、政策、流程和技术的有效实施，以保障数据资产的安全性、完整性、可用性和合规性。

4.1.2 数据治理监管范围

数据治理的监管范围覆盖了数据全生命周期，包括数据的采集、存储、处理、分析、使用、归档和销毁等环节。在此过程中，数据治理需要确保数据的合规性、安全性、完整性和可访问性，以支持组织有效决策和开展业务运营。数据治理监管的范围包括贯标监管、数据目录监管、元数据管理监管、主数据管理监管、数据采集与清洗监管、数据质量控制监管、数据服务过程监管、BIM[1] 数据处理监管和成果审计等。

1. 贯标监管

贯标监管是对数据管理相关标准或规范的贯彻执行情况进行监督和管理。这里的"贯标"即"贯彻执行标准"，涉及数据治理领域的多个方面，旨在确保组织在数据处理、存储和使用等环节符合既定的标准规范，从而提升数据质量、保障数据安全，并推动数据的合规利用。贯标监管要求组织明确并遵循相关的数据管理标准或规范，例如，国内外通用的数据治理标准、行

1　BIM（Building Information Mode，建筑信息模型）

业特定的数据管理规定等。这些标准或规范通常包括数据分类、数据质量、数据安全和数据隐私保护等方面的具体要求。

2. 数据目录监管

数据目录监管是数据治理监管范围的重要组成部分。数据目录是对组织内部数据资源的系统化整理和呈现，包含数据资源的元数据信息，例如，数据的名称、描述、来源、格式和访问权限等。数据目录的主要作用是提高数据的可发现性、可访问性和可理解性，促进数据的共享和使用。

制定合理、有效的数据资源目录管理规范是数据目录监管的重要手段，也是确保数据资源得以有序、高效、安全管理和运用的重要指导原则。数据资源目录管理规范旨在通过规范化的元数据描述和分类方法，对数据资源进行系统性编目和管理，以便检索、定位、获取和共享数据，这有助于提高数据资源的利用效率，减少数据重复建设，保障数据安全性和可靠性。

3. 元数据管理监管

元数据管理监管主要关注对元数据管理活动的监督和管理，以确保元数据的质量、合规性和有效使用。这一监管过程涉及元数据管理规范和技术规范的制定、执行与监督，旨在促进数据资产的高效管理和利用。元数据管理规范是指导元数据管理活动的准则和标准，规定了元数据管理的目标、原则、流程、职责和要求等，旨在确保元数据管理的系统性、规范性和可操作性，从而提高元数据的质量和价值。同时，元数据技术规范也用于指导元数据技术实现与应用，规定了元数据在数据治理中的技术架构、数据模型和数据标准等方面的要求，旨在确保元数据技术实现的规范性和可互操作性，从而为数据治理提供有力的技术支撑。

4. 主数据管理监管

主数据管理监管是对主数据的管理活动进行严格的监督和管理，以确保主数据的准确与完整。这一监管过程不仅涉及主数据管理规范的制定与执行，还涵盖了行业主数据技术规范的遵循与应用。主数据管理规范是指导主数据管理活动的准则和标准，规定了主数据管理的目标、原则、流程、职责和要求等，旨在确保主数据在政府内部得到统一、规范的管理，从而支持各项业务活动的顺利进行。行业主数据技术规范是针对特定行业制定的、用于指导主数据技术实现和应用的标准和规范，目的在于确保主数据在不同系统和业务场景下的互操作性和一致性，从而满足行业特定的数据管理和业务需求。

5. 数据采集与清洗监管

数据采集与清洗监管主要关注数据采集和清洗过程中的规范性和技术实现，涉及数据采集汇聚技术规范和数据处理技术规范的制定、执行与监督。数据采集汇聚技术规范是指导数据采集和汇聚活动的技术标准与操作规范，规定了数据采集的来源、方式、方法、频率，以及数据汇聚的格式、标准、流程等方面的要求，旨在确保数据采集的准确性和高效性，以及数据汇聚的一致性和可用性。而数据处理技术规范是指导数据处理活动的技术标准和操作规范，规定了数据清洗、转换、加载等处理环节的具体要求和方法，旨在提高数据的质量和可用性，为后续的数据分析和应用提供有力的支持。

6. 数据质量控制监管

数据质量控制监管是确保数据质量达到预定标准，从而支持业务决策、提高运营效率的重要环节，涵盖了数据质量管理规范和数据质量技术规范两个关键方面。数据质量管理规范是指导数据质量控制活动的准则和框架，定义了数据质量标准、管理流程、责任分配和改进措施；数据质量技术规范是实施数据质量控制活动的具体技术方法和手段，涉及数据清洗、转换和验证等多个方面。

7. 数据服务过程监管

数据服务过程监管是确保数据在服务过程中得到合理、高效和安全利用的重要环节。数据服务过程监管涵盖多个方面，包括数据需求评估管理规范和数据共享管理规范等。数据需求评估管理规范是指对数据服务过程中产生的数据需求进行系统化、规范化评估与管理的一套规则和流程，其目的在于确保数据需求的合理性、准确性和可追溯性，从而满足业务需求，提高数据服务的质量和效率。数据共享管理规范是指在不同层级政府部门之间对共享数据的行为进行规范化管理的一套规则和流程，其目的在于确保数据共享的安全性、合规性和高效性，促进数据资源的合理利用和价值最大化。

8. BIM 数据处理监管

BIM 数据处理监管是数据治理监管范围的重要组成部分，而 BIM 数据标准则是其关键支撑和保障。BIM 技术是一种应用于工程设计、建造和管理的数据化工具，这些数据不仅包括建筑物的几何形状、材料和构造等基本信息，还涵盖了与建筑相关的成本、进度和能源消耗等动态信息。BIM 数据是 BIM 技术应用的基础，通过数据的集成、共享和管理，实现建筑全生命周期的高效管理和优化。

9. 成果审计

成果审计是指对数据治理项目、计划或活动所取得的成果进行审查、评估和监督的过程。这一过程旨在确保数据治理的成效达到预期目标，提高数据质量、安全性和合规性，并推动数据的有效利用和价值最大化。通过成果审计，可以及时发现和解决数据治理过程中存在的问题，推动数据治理工作的持续改进和优化。同时，成果审计还可以为组织提供有价值的数据治理经验，为未来的数据治理工作提供借鉴和参考。

4.1.3　数据治理监管要点

1. 业务监管

一是确保数据业务需求的合理性，通过审查业务需求合理性与数据访问权限，确保数据需求符合法律法规、相关政策和业务的实际需求，避免非法或不合理的数据获取请求。二是确保监管数据内容与数据业务需求的匹配程度，建立明确的需求与数据映射关系，确保提供的数据能够准确满足业务需求。三是确保监管数据内容的完整性。完善数据完整性验证的方式包括：通过自动化工具或人工审核方式，检查数据条目是否完整；进一步优化缺失值处理，对于缺失的数据，制定明确的处理策略，例如填充默认值、删除记录或标记为缺失。四是确保数据内容的准确性，采用多种验证手段（例如交叉验证、逻辑校验等）确保数据的准确性，及时发现并纠正数据中的错误，包括表述错误、乱码等错误。

2. 技术监管

一方面，要保障运营情况的可视性，建立数据使用情况、数据质量分析情况的监控和报告机制，充分利用可视化工具展示数据运营情况，提高数据的可读性和可感知性。另一方面，要及时审查技术成果的合规性，确保数据按照既定的格式和标准保存，便于数据的共享、交换和处理。此外，应定期执行目标数据与源数据之间的一致性检验，以确保数据在传输和处理过程中未出现误差或遗漏。

3. 管理监管

一是定时评估数据治理实施单位的组织架构是否合理，是否能够满足数据治理工作的需要，时刻确保数据治理团队人员充足、技能匹配，能够胜任各自的工作职责。二是监管实施操作流程的规范性，建立标准化的数据新增、变更、发布和下架等操作流程，确保数据维护工作有序进行；定期对数据治理团队进行培训和教育，提高其对数据治理政策和流程的理解与执行能力。三是监管实施过程文档的完整性与正确性，建立完善的文档管理体系，确保需求申请凭证、需求调研分析文档、需求确认凭证、测试报告等过程中文档的完整性和正确性；此外，定期对文档进行审计和追溯，确保数据的来源、处理过程和处理结果均可追溯。

4.1.4　数据治理监管落实

根据数据治理监管范围，实施数据治理监管应采取以下 8 项措施。

1. 数据目录监管

一方面，对数据资源目录编制、审核、发布、变更和下架等流程进行监管，审查流程的合规性、完整性。另一方面，对已有的数据资源目录，开展共享数据挂接监管工作，审查数据共享服务的规范性、有效性、时效性、完整性和准确性。

2. 元数据监管

针对元数据新增、变更、删除（下线）和发布等流程进行监管，审查流程的合规性、完整性。在元数据的新增阶段，监管活动应确保所有新创建的元数据项都遵循既定标准、规范和分类体系。在变更监管过程中，需要严格审查变更请求的合理性、变更内容的准确性以及变更操作的合规性。在发布监管的过程中，需要确保发布的元数据已经通过充分的审查和测试，符合所有相关的质量和安全标准。

3. 主数据监管

主数据和元数据在数据管理中具有紧密的联系，相互依赖，因此与元数据监管类似，主数据监管需要对主数据新增、变更、删除（下线）和发布等流程进行监管，审查流程的合规性、完整性。

4. 数据采集与清洗监管

在数据采集汇聚监管中，要重点关注数据采集和传输情况。在数据采集过程中，需要明确数据采集的源头，配置数据连接，以便与数据源建立连接并获取数据；在数据传输过程中，需要确保数据的安全性和完整性，采用加密传输技术、设置访问权限等措施，防止数据在传输过程中被泄露或篡改；在数据整合过程中，需要将从多个数据源收集的数据进行整合，形成统一的数据集，同时解决数据格式、单位和量纲等不一致的问题，确保数据的可比性。

在监管数据清洗的过程中，需要重点验证数据清洗、关联、比对、标识和分发等操作过程，保障过程的合规性。首先，应根据数据分析结果，确立清洗规则，明确各类问题的处理策略，包括但不限于缺失值的填补、异常值的处理和重复值的合并等。其次，按照清洗规则对数据进行清洗操作，包括删除重复数据、填充缺失值和处理异常值等。最后，完成数据清洗后，应根据业务需求进行数据的关联操作，例如，将不同数据源的数据通过特定的字段进行关联，并对关联后的数据进行比对，确保数据的准确性和一致性。清洗后的数据需要添加适当的标识信息，并按照业务需求进行分发，确保数据能够被及时、准确地传递给有需求的人员或系统。

5. 数据质量控制监管

一是要制定合理有效的数据质量问题处理指引，监管数据治理过程的问题与风险；二是针对数据接入、数据中心和数据使用 3 个阶段，围绕数据的数量、质量和时量三大维度，监管数据治理实施的合规性。

首先，在数据接入阶段，数量维度需要监控数据源的数量变化，确保数据接入的完整性；质量维度需要对接入的数据进行初步质量检查，例如格式验证、完整性检查等；时量维度需要监控数据接入的时效性，确保数据能够及时更新。其次，在数据中心阶段，数量维度需要定期统计数据中心存储的数据量；质量维度需要实施全面的数据质量监控，包括数据清洗、关联、比对等操作，以确保数据质量；时量维度需要监控数据的更新频率和访问速度，确保数据能够及时响应业务需求。最后，在数据使用阶段，数量维度需要监控数据使用的频率和范围，确保数据使用的合理性；质量维度需要对使用中的数据进行质量评估，确保数据满足业务需求；时量维度则需要确保数据使用的时效性，尽量避免使用过时的数据。

6. 数据服务过程监管

数据服务过程监管需要对数据分发、数据查询、数据开放共享、数据校验等服务过程进行监管。一是监管数据需求申请情况，通过制定明确的数据需求申请流程，保障申请流程规范化，并建立多部门联动的审核机制，由数据管理部门、法务部门、安全部门等共同参与审核。二是监管数据服务封装进度情况，设立专门的监控机制，对封装进度进行实时跟踪和记录，并及时对封装完成的数据服务进行质量评估，检查其是否符合标准和规范。三是监管数据使用情况，要求数据使用方建立详细的使用记录，包括使用时间、方式、范围及结果等，并定期对使用记录进行检查和核对，确保数据的合法合规使用。

7. BIM 数据处理监管

一是审查 BIM 数据处理全流程是否合理合规，审查是否制定了明确的BIM 数据处理流程，包括模型建立、数据采集接入、数据处理、数据分发、数据查询、数据开放共享、数据校验等各个环节。二是审查 BIM 模型的建立、数据采集接入、数据处理等工作是否合理合规。

8. 服务成果审计

在数据治理项目服务进入终验阶段时，面向其服务成果开展一次全面的事后审计，确保数据治理项目的建设内容和建设成果符合项目合同及项目批复文件等要求。

▷▷ 4.2　数据安全监管

4.2.1　数据安全监管定义

数据安全监管是指对政务部门在依法履职过程中收集和产生的各类数据

进行安全保护、管理和监督的一系列活动。这些活动旨在确保政务数据的完整性、保密性、可用性，防止数据泄露、数据篡改、非法使用等安全事件的发生，从而维护国家安全、社会秩序和公共利益。

4.2.2 数据安全监管内容

1. 数据分类分级监管

针对数据分类分级工作的实施过程进行监管，其内容包括分类分级的流程及成果是否合法合规、是否已覆盖全部门业务数据、工作记录资料是否齐全等。数据分类分级监管的主要内容包括 3 个方面。

一是流程及成果的合法合规性。定期进行流程审查，检查数据分类分级的流程是否符合相关法律法规、行业标准和组织内部的规定。评估数据分类分级的结果是否准确、合理，以及其是否能够真实反映数据的敏感性和重要性。**二是业务数据覆盖性**。需要对全部门的业务数据进行全面的梳理和审查，确保分类分级工作已经覆盖所有的业务数据，所有的业务数据都得到合理的分类和分级。**三是工作记录资料的齐全性**。检查在数据分类分级过程中产生的工作记录资料是否齐全、完整，这些资料包括分类分级的决策过程、讨论记录、审批文件、数据清单、分类分级结果等，是后续审计、检查的重要依据，必须妥善保存和管理。

2. 数据全生命周期安全服务监管

在数据全生命周期中，从数据采集、传输、存储、处理、交换到销毁的每一个环节，都需要严格的数据安全服务监管，以确保数据的安全性、完整性和合规性。数据安全服务监管的主要内容包括 3 个方面。**一是数据安全单位是否定期开展安全检查工作**。这些检查应涵盖数据采集、传输、存储、处理、交换和销毁等环节，以确保安全措施得到有效执行，并及时发现和纠正潜在的安全隐患。检查的频率应根据数据的敏感性、业务的重要性和安全风险的评估结果来确定，但通常应至少每年进行一次全面的安全检查。**二是相关工作流程及成果是否合法合规**。具体而言，应遵守国家相关法律法规、行业标准和组织内部的规定，包括但不限于《中华人民共和国数据安全法》《中华人民共和国个人信息保护法》等。数据安全单位应制定详细的工作流程和操作规范，明确各个环节的责任人、操作步骤、安全要求等，并定期对工作流程进行审查和更新，以确保其合法合规性。**三是工作记录资料是否齐全**。这些资料是后续审计、检查的重要依据，也是证明数据安全工作合规性的重要证据。因此，数据安全单位应建立健全工作记录制度，明确记录的内容、格式、保存期限等要求，并定期对记录资料进行检查和整理，确保其齐全、完整和可追溯。

3. 安全风险评估监管

政务部门应当定期开展安全风险评估工作，确保对可能面临的安全威胁和风险具有清晰的认识，并据此制定有效的安全策略和防护措施。这一工作不仅满足了合规性的基本要求，也是保障政务数据安全、稳定运行的重要措施。在实施安全风险评估的过程中，必须确保所有操作都符合相关法律法规、行业标准和组织内部的规定。为确保实施过程的合法合规性，政务部门可以引入第三方专业机构进行安全风险评估，或者由内部具有相应资质和能力的团队进行评估。同时，应建立健全的评估流程和监督机制，确保评估工作的规范性和有效性。安全风险评估工作应覆盖广东省交通运输厅的所有业务系统，包括但不限于核心业务系统、辅助业务系统、管理系统等，以确保对整体安全风险的全面了解。政务部门通过全面的风险评估，可以识别出各业务系统中可能存在的安全漏洞和风险点，为后续的安全加固和防护工作提供有力支持。

4. 服务成果审计

开展数据安全项目服务成果审计是确保数据安全项目成功实施并达到预期目标的重要环节。服务成果审计的主要内容包括 3 个方面。**一是对项目完成情况的审查**。对照项目合同和批复文件，逐项审查项目建设内容是否按计划完成，是否存在遗漏或擅自变更的情况。**二是对方案合规性的检查**。检查项目实施方案、技术方案、采购方案等是否经过充分论证和审批，是否符合国家相关法律法规和行业标准的要求。**三是对项目成效的评估与对比**。评估项目建成后的实际效果，包括数据安全防护能力、数据安全管理体系建设、数据安全风险评估与应对能力等方面。对比项目成果是否符合预期目标，是否能够有效保障数据安全。

在进行数据安全项目服务成果审计时，可以参考国家相关部委发布的政策文件、行业标准和权威机构发布的数据安全审计指南等。例如，国家互联网信息办公室、公安部等相关部门发布的网络安全和数据安全相关政策文件，以及中国信息安全测评中心等权威机构发布的数据安全审计标准和案例，都是开展数据安全项目服务成果审计的重要参考依据。

4.3 平台工具监管

4.3.1 平台工具监管定义

平台工具监管是指通过构建或采用专业的平台、系统或软件工具，对政务部门在履行政务职责过程中收集、产生、处理的数据进行全面、动态的监管。平台工具监管不仅能够帮助政务部门实现数据的集中管理、高效利用，还能确保数据在流转过程中的安全性和合规性。

4.3.2　平台工具监管范围

平台工具监管范围如图 4-1 所示。

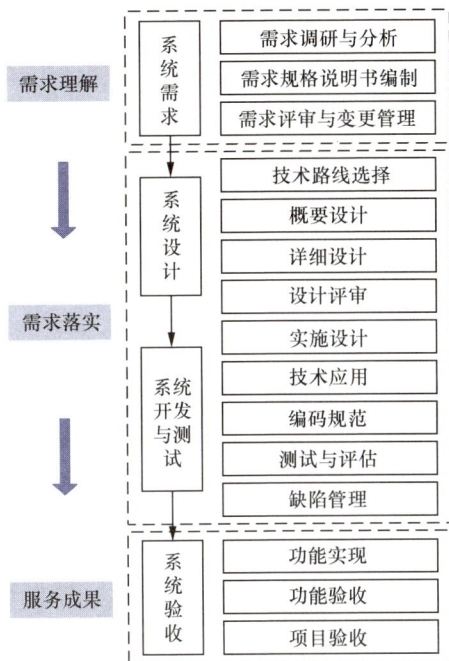

图 4-1　平台工具监管范围

1. 需求理解

平台工具监管范围中的系统需求是确保项目成功开发和顺利运行的基础，涵盖了从需求调研与分析、需求规格说明书编制到需求评审与变更管理等一系列关键活动。

需求调研与分析是系统需求工作的起点，旨在深入理解项目背景、目标用户、业务场景及潜在需求，具体包括背景研究、用户调研、业务流程分析、需求分析等一系列步骤。

需求规格说明书是系统需求工作的核心输出物，详细描述了系统必须满足的功能性和非功能性需求，同时也是项目设计、开发、测试、验收的依据，对于确保项目团队对需求有共同的理解和认识至关重要。

需求评审与变更管理是系统需求工作的最后一道防线，旨在确保需求的正确性、完整性和一致性，并用于应对项目过程中可能出现的需求变更。评审过程中，对需求规格说明书进行逐条审查，识别潜在问题或遗漏之处，确保需求满足项目目标。通过严格的变更管理，项目团队可以确保项目在可控范围内进行，避免需求溢出和项目失控。

2. 需求落实

（1）系统设计

平台工具监管范围中的系统设计是确保平台能够高效、稳定、安全运行的关键环节，涵盖了技术路线选择、概要设计、详细设计和设计评审 4 个部分。科学的方法和规范的流程可以确保系统设计满足项目需求。

技术路线选择是系统设计的首要任务，它决定了平台采用的技术架构、开发语言、数据库系统、中间件等关键技术要素，选择过程需要综合考虑项目的业务需求、技术发展趋势、团队技术能力、成本效益等方面的因素。

概要设计是在技术路线选择完成后，对系统整体架构和主要功能模块进行设计的阶段，旨在构建系统的整体框架，明确各模块之间的关系和接口。通常包括：确定系统的层次结构、组件划分和模块间通信方式的系统架构设计；划分系统功能模块，以明确每个模块的功能和职责；定义模块之间、系统与外部系统之间的接口规范和交互方式的接口设计；设计数据库的结构、表关系、索引等，以满足数据存储和访问需求的数据库设计等。

详细设计是在概要设计的基础上，对系统各模块进行具体实现的设计阶段，旨在细化功能模块的实现细节，包括算法设计、数据结构选择、流程控制等。

设计评审是系统设计的重要环节，旨在审查设计文档，确保设计的正确性、完整性和可行性。

（2）系统开发与测试

系统开发与测试是确保平台能够按照既定需求、设计和技术路线顺利构建，并通过严格的测试验证其质量和性能的关键环节。开发团队通过实施设计、技术应用、编码规范、测试与评估，以及缺陷管理等多个环节，可以确保平台能够按照既定需求和技术路线被顺利搭建，并通过严格的测试验证其质量和性能。

实施设计是将系统设计阶段的成果转化为具体实施方案的过程。在此环节，开发团队会根据设计文档，制订详细的开发计划和分配具体的开发任务。

技术应用是指在系统开发的过程中，选择并应用适当的技术栈、开发工具和框架来构建系统的过程。技术应用的选择应基于项目需求、技术路线和团队的技术能力等因素，其主要任务包括技术选型、技术集成和技术优化等。

编码规范是指导开发人员编写高质量、可维护代码的一系列规则和约定。遵循编码规范可以确保代码的一致性、可读性和可维护性。

测试与评估是验证系统质量和性能的关键环节。在这一环节，测试团队会设计并执行测试用例，对系统进行全面的测试，以发现系统潜在的缺陷和问题。

缺陷管理是在系统开发和测试过程中，对发现的缺陷进行跟踪、记录、分析和解决的过程。有效的缺陷管理可以提高系统的质量和稳定性，降低后期维护成本。

3. 服务成果

系统验收是确保所开发的平台工具满足既定需求、设计规格和质量标准的重要环节，也是政务数据平台工具监管过程的最终环节。严格的验收流程和方法可以确保平台工具的质量和可靠性，满足用户的需求和期望。系统验收主要涵盖功能实现、功能验收和项目验收 3 个主要部分。

功能实现是系统验收的前提和基础，是指在平台工具的开发阶段，所有预定功能都能按照需求规格说明书和设计文档的规定被成功开发。

功能验收是系统验收的核心部分，侧重于对平台工具的各项功能进行详细的测试和验证，确保它们满足既定的需求和质量标准。其主要目的是确保平台工具的各项功能都可以正常工作，并且符合需求规格说明书的要求。功能验收可以及时发现并修复潜在的问题和缺陷，提高平台工具的质量和可靠性。

项目验收是系统验收的最后阶段，是对平台工具进行全面评估和总结的过程。其最终目的是确保平台工具不仅满足技术需求，还能够在实际应用中发挥作用。

4.3.3 平台工具监管内容

1. 业务监管

（1）业务需求理解一致性监管

这一环节主要关注开发团队对业务需求的理解和把握是否准确无误，目的是确保开发团队充分理解并准确传达业务需求，为后续的开发工作奠定坚实的基础。该环节主要包括审查需求规格说明书、概要设计等需求设计文件，评估其与原始业务需求的一致性等。

（2）业务需求落实一致性监管

在平台工具的实际建设过程中，相关监管部门需要密切关注平台建设与业务需求的一致性。通过定期检查和评估，确保平台建设的各项成果都能够满足业务需求。对于不符合业务需求的内容，监管团队通过督促开发单位进行整改，以确保最终交付的平台工具完全符合业务需求。

2. 技术监管

（1）技术路线监管

技术路线是平台工具开发的关键指导方针。监管团队会对技术路线的先进性、合理性和兼容性进行评估和监管，要求所选技术路线能够支撑平台工具的长远发展，且与现有技术体系兼容，并具备足够的创新性和竞争力。

（2）技术实现监管

在技术实现阶段，监管团队会关注开发过程中的各项技术细节。例如，是否按照国产化要求进行开发，技术实现成果的质量是否达到预期标准，是否满足相关参数指标等。这一环节的目的是确保技术实现符合预期，为平台工具的稳定运行提供有力保障。

（3）技术合规性监管

技术合规性监管是确保平台工具在开发、测试及运营过程中符合相关法律法规和技术标准的重要措施。监管团队会对编码及测试的合规性、一致性进行监管，确保平台工具在技术上不存在违法违规的问题，保障其合法性和安全性。

3. 管理监管

（1）平台建设单位组织架构、人员配置的合理性监管

管理监管应关注平台建设单位的组织架构和人员配置是否合理，包括评估人员是否充足、是否具备完成平台工具开发所需的专业技能和经验。合理的组织架构和人员配置可以确保平台工具的开发工作能够高效、有序进行。

（2）建设过程、文档合规性监管

在建设过程中，监管团队会对平台建设及验收流程的合规性进行监管，包括确保建设过程遵循既定的规章制度和流程机制，确保每一步工作都经过严格把关。同时，还会对一体化数字平台需求理解及设计内容的合规性进行

监管，确保所有文档和资料都符合相关标准和要求。这一环节的目的是确保平台工具的建设过程规范、透明，为后续的运营和维护提供有力支持。

4.3.4 平台工具监管落实

1. 常态化监管

（1）常态化监管

常态化监管是指将监管工作融入平台工具的全生命周期，形成持续、稳定、高效的监管机制。这种监管机制不是一次性的检查或审计，而是贯穿平台工具的设计、开发、测试、部署、运营等各个阶段，确保每个阶段都符合规范。

（2）主线跟进

主线跟进是常态化监管的核心策略，要求监管团队明确平台工具发展的主要路径和关键节点，围绕这些节点制订详细的监管计划和方案。监管团队通过定期或不定期的现场检查、远程监控、数据分析等手段，持续跟进平台工具的建设和运营情况，及时发现并解决问题。

2. 关键文档审查

（1）形式审查

形式审查是对关键文档的基本要素和格式进行检查，主要包括文档的完整性、规范性、一致性等方面。例如，检查需求规格说明书是否包含所有必要的信息，文档格式是否符合相关行业标准等。形式审查是确保文档质量的基础。

（2）内容审查

内容审查是对关键文档的具体内容进行检查，关注文档是否准确、清晰地描述了平台工具的需求、设计、实现等关键信息。例如，在需求规格说明书中，需要审查需求是否完整、无歧义，设计文档是否详细、可行等。内容审查是确保文档与实际工作一致的关键。

（3）内容复查

内容复查是在内容审查后进行的再次检查，旨在确认之前发现的问题是否得到有效解决。复查过程中，监管团队会重新评估文档的质量，确保所有修改都符合预期，并且没有引入新的问题。内容复查是确保文档质量持续提升的重要环节。

3. 监管响应跟进及复核

（1）整改跟踪

整改跟踪是确保这些整改措施得到有效执行的过程，当在监管过程中发现问题时，监管团队会要求相关责任方进行整改，并持续关注整改进展，了解整改措施的实施情况，确保问题得到根本解决。

（2）措施纠正

如果整改措施未能达到预期效果或存在偏差，监管团队会要求责任方进行措施纠正，包括重新制定整改方案、调整实施策略等。通过措施纠正，监管团队可以确保整改工作沿着正确的方向进行，最终达到预期目标。

（3）成效复核

成效复核是对整改和纠正措施实施效果的最终评估。在这一阶段，监管团队会全面检查问题是否得到彻底解决，平台工具是否恢复到符合规范的状态。通过成效复核，可以验证监管工作的有效性和成果，为后续工作提供支撑。

▶▶ 4.4　数据监管评估指标体系设计

4.4.1　数据监管评估指标体系理念

数据监管评估指标体系设计的目的在于提升政务数据的管理水平、保障数据安全、促进数据合规使用及优化数据在政务服务中的应用效果。通过设计数据监管评估指标体系，数据管理团队可以系统地衡量数据管理的各个环节，包括数据采集、处理、存储、分析、共享等，从而发现管理过程中的不足之处。这些评估结果可以为数据管理团队提供明确的改进方向，助力管理流程优化，提高数据管理效率，确保数据能够及时、准确地支持业务决策和运营。

数据监管评估指标体系如图 4-2 所示。

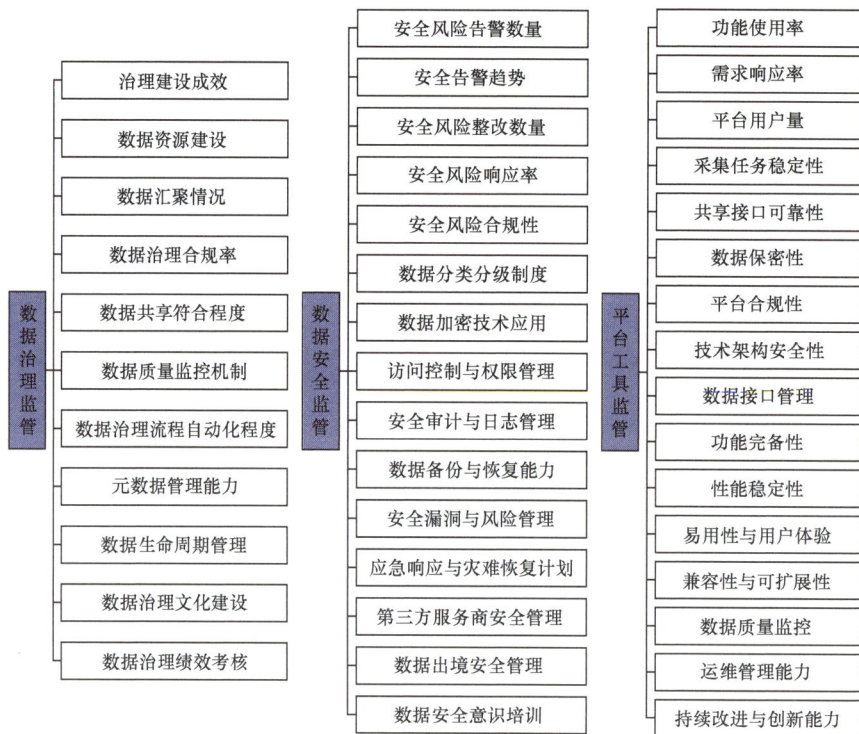

图 4-2　数据监管评估指标体系

4.4.2　数据监管评估指标体系内容

1. 数据治理监管

（1）治理建设成效

治理建设成效指标用于评估政务数据治理体系的建设成果，包括治理政策的制定与执行、治理流程的完善程度、组织架构的合理性等。通过量化治理活动的覆盖范围、执行效率及成效,例如治理项目完成率、治理策略对业务改进的贡献度等,来综合评价治理建设的实际成效。

(2)数据资源建设

评估政务部门在数据资源收集、整合、存储方面的能力,包括数据资源的丰富度(数据种类、数据量)、数据质量(准确性、完整性、时效性)、数据标准化程度(是否遵循统一的数据标准)等。通过数据资源目录的完善程度、数据更新频率、数据质量监测报告等指标进行衡量。

(3)数据汇聚情况

评估政务数据在不同系统、部门间的汇聚情况,包括数据共享平台的建设与使用情况、跨部门数据交换的效率和准确性、数据汇聚的覆盖面和实时性等。通过数据汇聚的及时性、数据汇聚的成功率、数据汇聚的数据量等指标来量化评估。

(4)数据治理合规率

衡量政务数据治理活动对法律法规、政策规定的遵守程度,包括数据处理的合法性、数据使用权限的合规性、数据保护政策的执行情况等。通过合规性检查的结果、违规事件的处理效率、合规性培训参与率等指标来评估。

(5)数据共享符合程度

评估政务数据共享的实际效果与预期目标的符合程度,包括数据共享的广泛性(参与共享的单位数量)、共享数据的实用性(共享数据被有效利用的比例)、共享流程的顺畅性(共享申请的处理速度、反馈机制的有效性)等。通过用户满意度调查、共享数据使用报告等方式收集数据,进行综合评估。

(6)数据质量监控机制

评估政务部门是否建立了有效的数据质量监控机制,包括数据质量监测的频率、数据质量问题的发现与处理能力、数据质量报告的生成与分发等，这些评估有助于确保数据的准确性、完整性和时效性。

（7）数据治理流程自动化程度

评估数据治理流程的自动化水平，包括数据清洗、转换、整合、校验等过程的自动化程度。随着自动化程度的加深，数据治理的效率和准确性也将提升。

（8）元数据管理能力

评估政务部门对元数据的管理能力，包括元数据的收集、存储、维护、使用和共享等。良好的元数据管理有助于更好地理解数据、提高数据的使用效率和质量。

（9）数据生命周期管理

评估政务部门对数据从产生、处理、存储到销毁整个生命周期的管理能力，包括数据保留政策的制定与执行、数据归档与清理的规范性、数据销毁的安全性和合规性等。

（10）数据治理文化建设

评估政务部门内部是否形成了重视数据治理的文化氛围，包括员工对数据治理的认知程度、参与数据治理的积极性、数据治理知识的普及程度等。积极的数据治理文化有助于推动数据治理工作的深入开展。

（11）数据治理绩效考核

评估政务部门是否建立了数据治理的绩效考核机制，包括数据治理工作的量化指标、考核周期、考核结果的应用等。用数据治理的绩效考核可以激励员工积极参与数据治理工作，提升数据治理的整体水平。

2. 数据安全监管

（1）安全风险告警数量

统计在特定时间段内，系统检测到的数据安全风险告警数量，这反映了系统对潜在安全威胁的识别能力。

（2）安全告警趋势

分析安全风险告警数量的变化趋势，帮助识别安全威胁的增长或减少趋势，为制定和调整安全策略提供依据。

（3）安全风险整改数量

统计对已发现的安全风险所采取的整改措施数量及成效，衡量组织对安全风险的响应能力和处理效率。

（4）安全风险响应率

计算安全风险告警被及时响应并处理的比例，衡量组织对安全事件的快速响应能力。

（5）安全风险合规性

评估数据安全措施是否符合相关法律法规、行业标准及组织内部政策的要求，通过合规性检查、审计等方式进行验证。

（6）数据分类分级制度

评估是否建立了完善的数据分类分级制度，是否根据数据的敏感性、重要性等因素对数据进行合理的分类分级，并采取不同的保护措施。

（7）数据加密技术应用

评估在数据传输、存储和处理过程中是否采用了先进的加密技术，以确保数据的机密性和完整性。

（8）访问控制与权限管理

评估是否实施了严格的访问控制策略，确保只有经过授权的人员才能访问相关数据，并对访问权限进行定期审查和更新。

（9）安全审计与日志管理

评估是否建立了完善的安全审计机制，记录所有对数据的访问和操作行为，以便在发生不安全事件时进行追溯和分析。

（10）数据备份与恢复能力

评估是否制定了数据备份策略，并具备快速恢复数据的能力，以降低数据丢失或损坏对业务的影响。

（11）安全漏洞与风险管理

评估是否定期进行安全漏洞扫描和风险评估，及时发现并修复潜在的安全隐患。

（12）应急响应与灾难恢复计划

评估是否制订了完善的应急响应和灾难恢复计划，以应对各种突发事件，确保数据的连续性和可用性。

（13）第三方服务商安全管理

如果涉及第三方服务商参与数据处理或存储，评估是否对第三方服务商进行严格的安全审查和管理，确保第三方服务商遵守数据安全相关法律法规和行业标准。

（14）数据出境安全管理

如果数据需要出境，评估是否按照相关法律法规要求展开了安全评估，并采取了必要的安全保障措施。

（15）数据安全意识培训

评估是否定期开展数据安全意识培训和教育活动，提高员工对数据安全的认识和重视程度，降低人为因素导致的安全风险。

3. 平台工具监管

（1）功能使用率

统计平台工具各项功能的使用情况，包括用户活跃度、功能使用频率等，以评估平台工具的实际应用价值。

（2）需求响应率

计算用户对平台工具功能需求的响应比例，反映平台开发团队对用户需求的重视程度和响应速度。

（3）平台用户量

统计平台工具的用户数量，包括注册用户数、活跃用户数等，以评估平台的受欢迎程度和用户基础。

（4）采集任务稳定性

评估平台在执行数据采集任务时的稳定性和可靠性，包括任务成功率、任务执行时间、错误率等指标。

（5）共享接口可靠性

评估平台数据共享接口的稳定性和可用性，包括接口响应时间、接口成功率、数据传输准确性等指标。

（6）数据保密性

评估平台在数据处理、存储、传输过程中对数据保密性的保障能力，包括数据加密、访问控制、数据脱敏等措施的实施情况。

（7）平台合规性

评估平台是否符合国家相关法律法规、政策文件和行业标准的要求，包括但不限于《中华人民共和国数据安全法》《中华人民共和国个人信息保护法》等。

（8）技术架构安全性

评估平台的技术架构是否安全稳定，是否采用了先进的安全技术和防护措施，例如，防火墙、入侵检测系统等，以抵御外部攻击和内部信息与数据泄露。

（9）数据接口管理

评估平台的数据接口是否规范、安全，是否对接口调用进行严格的权限控制和审计，防止数据被非法获取或篡改。

（10）功能完备性

检查平台是否具备数据采集、清洗、存储、分析、共享等全链条功能，并能够满足政府部门对数据管理和应用的需求。

（11）性能稳定性

评估平台在高并发、大数据量等情况下的性能表现，确保平台能够稳定运行，不会出现卡顿、崩溃等问题。

（12）易用性与用户体验

评估平台的操作界面是否友好，功能布局是否合理，是否提供了完备的用户帮助和指南，以提升用户的使用体验和满意度。

（13）兼容性与可扩展性

评估平台是否能够与其他政务系统或第三方平台实现无缝对接和数据共享，以及是否具备良好的兼容性与可扩展性，以应对未来可能的需求变化。

（14）数据质量监控

评估平台是否具备数据质量监控功能，能够实时监测数据的质量问题，例如，数据缺失、错误、重复等，并及时进行修复和处理。

（15）运维管理能力

评估平台的运维管理体系是否完善，是否具备自动化运维能力，以及是否建立了应急预案和快速响应机制，以应对突发情况和故障。

（16）持续改进与创新能力

评估平台是否具备持续改进和创新能力，是否能够根据用户反馈和市场需求进行功能优化和升级，以及是否能够引入新技术、新方法提升平台的整体性能和服务水平。

05

第 5 章

交通数据监管
模式与总体框架

▶▷ 5.1 顶层设计："1168"体系

5.1.1 交通数字化改革背景

数字中国和交通强国是党中央、国务院重点推进的战略部署，旨在加快国家现代化进程。2019 年，中共中央 国务院印发《交通强国建设纲要》，其中提出要"推进数据资源赋能交通发展""构建综合交通一体化数字平台体系"，明确新时期综合交通运输大数据发展。

目前，我国多个城市通过交通信息化已经搭建了基于电子警察、电子卡口数据的车辆缉查布控系统，对假牌套牌、逾期未检验、涉嫌盗抢车可进行自动报警；集合视频监控系统、公安全球定位系统、交通地理信息系统及无线通信系统等搭建的 110 指挥平台，具备对辖区内突发事件决策处理"指令下得去，情报上得来"的能力，"互联网＋交通"已经具备实时而庞大的数据源。

在贯彻中央战略部署的基础上，广东省进行交通数字化改革是现代交通发展的必然趋势，即通过运用数字技术提升交通系统的效率、安全性和可持续性。

2020 年 7 月，广东省交通职能部门提出在数字政府改革的关键时期，将按照广东省数字政府改革建设工作总体部署，沿用数字政府改革建设模式，通过对业务管理流程的继承、提升和再造，加强业务系统整合、数据融合和共享共用，紧抓交通行业"新基建"，推动广东省交通运输行业数字化基础建设，提升行业信息化管理水平，促进行业治理能力和服务效能的全面提升。

5.1.2　交通数字化改革历程

秉持"业务重塑""共建共享共治""安全发展"的核心理念，广东省交通职能部门不断将全业务、全流程数字化，进行流程重构、逻辑再造，其在数字化改革规划方面主要经历了以下几个关键阶段。

2020 年 7 月，广东省交通职能部门落实"数字交通运输厅"建设规划方向，明确建设"1168"总体框架，提出以"116"一体化数字平台为数据枢纽和公共支撑（1 张感知传输网、1 张立体交通政数图、6 项公共支撑能力）为 8 个业务协同平台打破数据壁垒，提供数据支撑服务，促进数据互联互通。8 个业务协同平台分别为交通规划业务协同平台、建设管养业务协同平台、综合运输业务协同平台、安全应急业务协同平台、行政执法业务协同平台、协同创新业务协同平台、内部管理业务协同平台和数据分析业务协同平台。

2021 年 5 月，广东省交通职能部门对"数字交通运输厅"建设规划方向进行部分调整优化，将 1 张立体交通政数图升级为 1 个交通特色品牌。将原来的 6 项公共支撑能力升级为 6 类数字化支撑能力。

2023 年 12 月，广东省交通职能部门对"数字交通运输厅"建设规划方向进行迭代升级，进一步优化"1168"改革建设体系，由 1 个交通特色品牌升级为 1 个数字化综合运行中心，由 6 类数字化支撑能力升级为 6 类中台支撑能力，分别为数据中台、技术中台、运营中台、安全中台、监管中台和智能中台。

广东省交通职能部门"1168"数字化改革建设总体框架如图 5-1 所示。

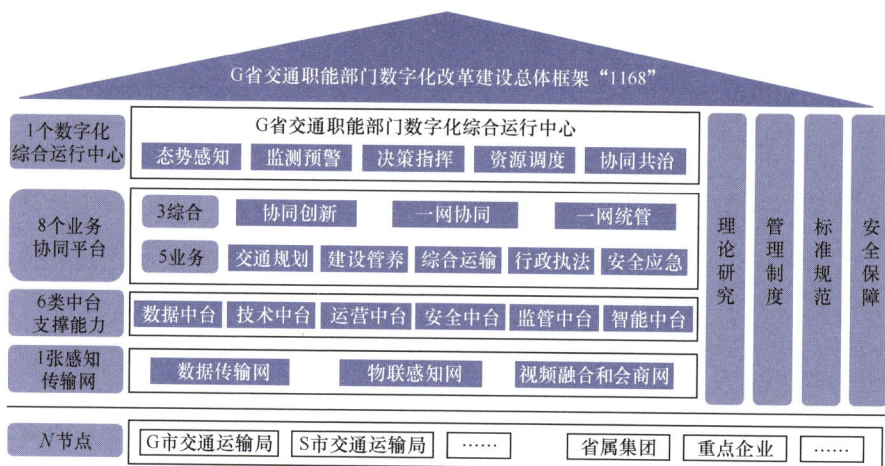

图 5-1　广东省交通职能部门"1168"数字化改革建设总体框架

5.1.3　交通职能部门"1168"体系解读

第三版广东省交通职能部门"1168"数字化改革建设总体框架包含 1 张感知传输网、6 类中台支撑能力（一体化数字平台）、8 个业务协同平台。

"1 张感知传输网"是完善感知传输网络体系建设的基础，其本身是交通运输感知"末梢"，也是推动交通运输基础设施与信息基础设施一体化建设，全面完善数字交通感知传输网络体系建设的重要一环。感知传输网的升级强化能够实现对交通运输要素全方位感知、可视化采集监测和各类数据高效传输汇聚。交通运输领域的感知传输网由以下三大子网组成。

① 数据传输网。横向覆盖智慧公路、水运、铁路全业务领域，纵向跨越省、市、县三级交通运输部门，旨在逐步扩大网络覆盖范围，延伸覆盖至省交通集团等交通行业企业和基建项目部临时点。

② 物联感知网。旨在推动公路、铁路、水路领域的重点路段、航段，以及隧道、桥梁等重要节点的交通感知网络覆盖，让"哑设施"具备多维监测、智能网联、精准管控、协同服务能力。

③ 视频融合和会商网。统筹推进基于视频会商、视频监控、视频云的视频融合通信系统一体化建设、标准化管理,为广东省交通运输厅数字化改革建设、一体化数字平台、数字化综合运行中心提供有力支撑。

"6 类中台支撑能力"(一体化数字平台)分别如下。

① 数据中台,提供数据汇聚、管理及服务,解决数据的采、存、管、用全链条问题,为横向省直部门、纵向地市、内部业务系统提供百项服务。

② 技术中台,落实统一用户管理、主数据管理、三屏联动管理、政务服务、数字空间、通用软件、消息、日志 8 项任务,为交通运输厅机关处室、直属单位提供统一技术支撑。

③ 运营中台,分为云网运维、软件运维、业务运营 3 个部分,为 6 类中台、8 个协同平台提供运营支撑和保障,为广东省交通运输厅机关处室提供本部门系统云资源利用情况的可视化服务。

④ 安全中台,为 6 类中台、8 个协同平台提供安全方面的保障支撑和预警,利用数据源验证、传输加密、加密存储等技术,为平台数据共享提供可信环境。

⑤ 监管中台,可划分为系统建设监管、数据治理监管、数据安全监管、运营运维监管和监管服务分析五大模块,针对在建系统,监管中台能够生成系统建设合规性分析报告,并提出相应的改正建议。

⑥ 智能中台,细分为认知智能和业务智能两个中心,为数据中台和技术中台提供智能化的解决方案。

"8 个业务协同平台",秉承"一体化整合"和"数字化应用"总体建设思路,以跨部门、多业务融合发展为牵引,以"两清一图一线"工作为抓手,分别有序推进 8 个业务应用建设,赋能数字交通发展。

① 交通规划,梳理交通规划信息资源,推动交通规划业务高效协同、数据标准化管理,提升交通运输规划决策支持水平。

② 建设管养，采用"1+2+7"模式，推动建设管养业务领域应用系统集约建设、互联互通、协同联动。

③ 综合运输，围绕"115"总体架构，为行业监管、运行监测等业务提供跨平台、全链条式的信息服务支撑。

④ 行政执法，搭建政务服务交通运输子门户，打通数据通道，为政务服务实现"一网通办"提供支持。

⑤ 安全应急，围绕安全生产监管和应急管理，推动交通运输安全应急管理信息化体系建设。

⑥ 协同创新，以管理促协同、以协同强管理，实现业务协同管理体系化、系统管理标准化、项目管理精细化。

⑦ 一网协同，以广东省交通运输厅 OA 为基础，全面集成各类办公需求，联通业务系统，实现高效办公。

⑧ 一网统管，以数据运营、轻量开发为主，通过数据的聚合应用，打造智慧交通应用场景。

"1个综合运行中心"打造交通运输厅数字化综合运行中心，实现省市联动，政企联通，打造敏捷韧性的广东省交通运输厅数字化综合运行中心，实现省市联动、政企联通、平战结合，加强交通态势全面感知、综合决策指挥、资源统筹调度、省市协同共治等，助力实现数字交通"一网统管"。综合运行中心的建设目标有以下3个。

① 优化实体运作。健全完善中心职能定位，科学合理设置内设部门、人员编制、岗位职责等。

② 提高平台能力。平战结合，重点做好"一看二管"。"一看"三屏联动，"二管"一网统管场景呈现；战时重点做好决策支撑、资源调度、应急指挥，强化交通运行综合决策指挥能力。

③ 完善平台体系。不断明确广东省交通运输厅数字化综合运行中心二级分中心节点清单，构建省、市两级中心体系，省市数字化综合运行中心常态化联动，省厅数字化综合运行中心与公路网"一主六翼"动态联动。

▶ 5.2　交通运输厅数据监管模式

广东省交通运输数据监管一体化数字平台项目采用"5+3+1"建管运模式。数据监管单位作为面向实施主体的监管角色，负责构建一体化数字平台项目数据监管体系，协同联动监理、全过程咨询和保障体系等管理咨询方，面向平台工具开发方、数据治理方、数据安全方等建设实施方进行全过程监管，督促问题整改，确保一体化数字平台开发建设、数据治理、数据安全等顺利落地。广东省交通运输数据监管"5+3+1"建管运模式如图 5-2 所示。

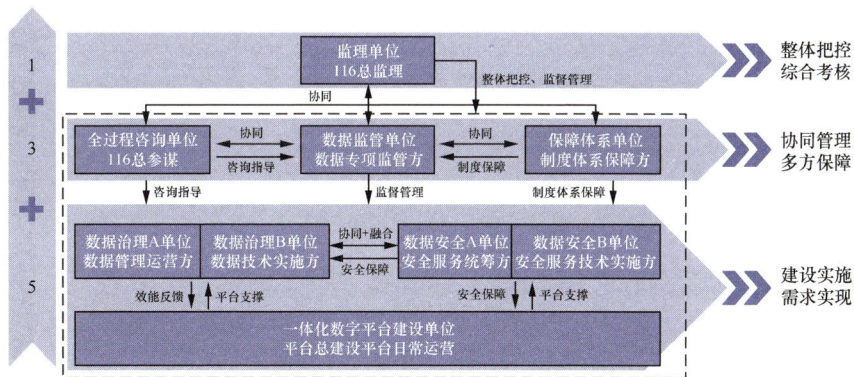

图 5-2　广东省交通运输数据监管"5+3+1"建管运模式

5.2.1　"3+1"协同监管多元主体

广东省交通运输数据监管形成了由监管方、全过程咨询方、保障体系方及监理方的"3+1"分工界面，监管方与各咨询管理方交叉协同，各有侧重，形成了以下三重互动关系。

在咨询指导方面，监管方侧重从业务咨询角度协助、督促实施方准确理解、落实业务需求；全过程咨询方指导各参建方按照"数字交通运输厅"总体建设规划要求开展工作，以提供咨询、对接咨询成果、协调咨询重难点解释。

在制度体系方面，监管方重点审查、监管实施方对相关制度、标准的落实情况；保障体系方搭建整体制度体系框架，对各参建方编制制度、标准规范的情况进行整体管理，以实现协同审核、配合管理。

在监督管理方面，监管方对实施方的工作全过程进行合规性、符合性监管，重点把控建设质量，侧重精细化管理；监理方对"116"项目全部参建方进行管理，重点开展进度、合同、项目文档管理，承担协调职能，进行资源及关系协调，以搭建协同管理、信息互通、共建机制。

广东省交通运输数据监管"3+1"协同监管多元主体关系如图5-3所示。

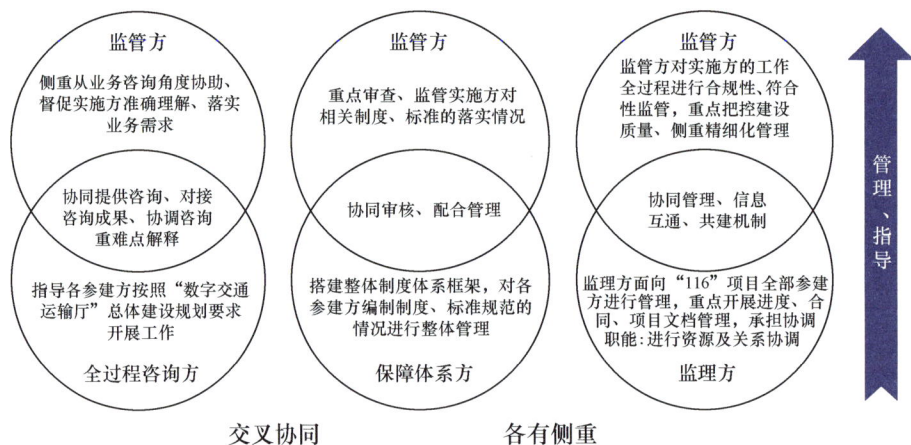

图5-3　广东省交通运输数据监管"3+1"协同监管多元主体关系

5.2.2　平台协同模式

总体来看，一体化数字平台通过构建不同的中台系统来支持整体的数据治理与服务提供。各中台之间存在密切的联系，并各自承担着重要的角色。

　　分别作为数据枢纽、公共支撑的数据中台和技术中台在一体化数字平台中承担了基础和核心的职能。**技术中台提供共享的技术资源和服务，数据中台提供的数据资源是其他中台业务处理和决策支持的基础。**

　　运营中台负责统一的业务流程管理，优化政府服务流程，并使其自动化，提升服务效率和质量。其利用数据中台提供的数据进行业务分析和流程优化，并依赖技术中台的技术服务来落实这些流程。

　　安全中台负责整体信息安全管理，包括数据安全、网络安全和应用安全，确保政府数据和服务的安全性。其在技术中台的支持下实施安全策略，应用安全工具，并监控数据中台和其他中台系统的安全状态。

　　监管中台专注于政策执行和法律法规遵守，包括数据使用监管、合规性检查和报告生成。其依赖数据中台提供的准确和全面的数据来执行监管任务，并与安全中台合作，确保数据和流程的合规性。

　　智能中台运用人工智能和机器学习技术提供智能分析和决策支持，提升政府服务的智能化水平。其利用数据中台的数据进行模型训练和分析，并依赖技术中台提供的计算资源进行高效的数据处理。

　　不同的中台系统通过提供专业化的服务和功能，彼此相互依赖并协同工作，形成了一个综合的数据监管服务和治理框架。一体化数字平台专业中台的协同关系如图 5-4 所示。

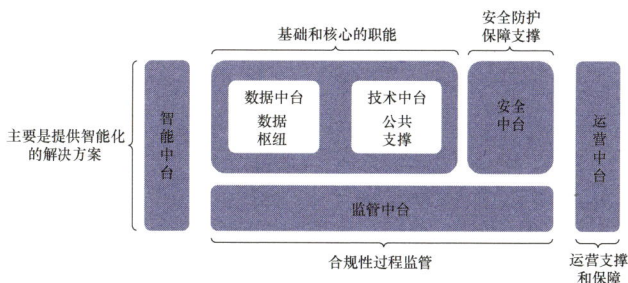

图 5-4　一体化数字平台专业中台的协同关系

▶▶ 5.3 交通数据监管框架

通过编制省市协同一体化数字平台项目数据监管服务相关实施方案，广东省交通运输厅进一步明确数据监管的战略规划，构建数据监管单位、平台建设单位、数据治理单位和数据安全单位的协同机制。明确数据监管单位在"省市协同一体化数字平台项目"中的定位，厘清数据监管单位与各参建单位的关联关系与职责分工，明确项目实施路径和预期成效，实现共管共治、互相制约、互相驱动的高效能监管体系。

广东省交通运输厅数据监管服务，围绕一体化数字平台建设服务要求，构建了"131"省级交通运输领域数据监管图，即"1理念+3支柱+1机制"，推进数据监管能力建设。"131"省级交通运输领域数据监管如图5-5所示。

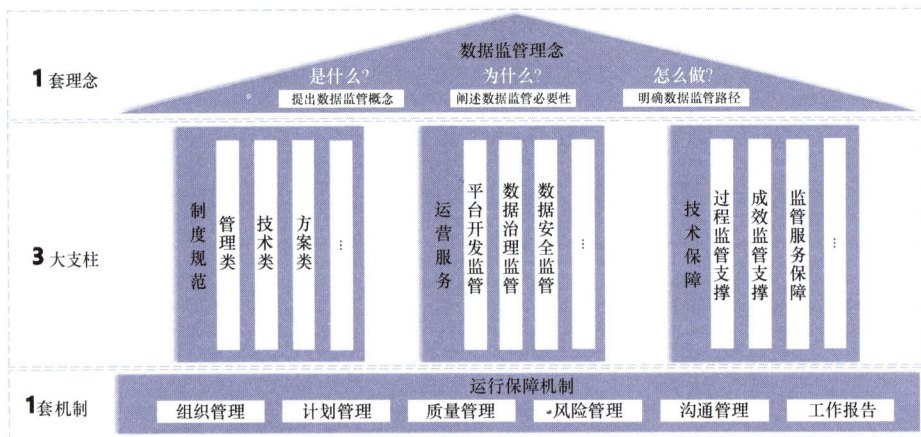

图 5-5 "131"省级交通运输领域数据监管

广东省交通运输厅数据监管服务以推动交通运输行业数据管理顺利实施为目标，在实践中，细化运营服务内容。结合项目实际情况，从业务价值、技术经验、管理协同三大导向识别运营服务的重点难点板块。监管运营服务重点难点识别如图 5-6 所示。

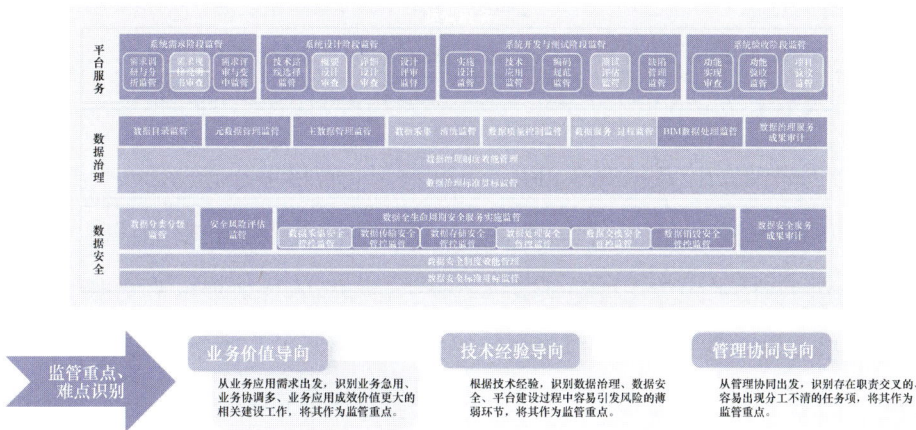

图 5-6　监管运营服务重点难点识别

5.3.1　三大数据监管支柱

数据监管制度规范支柱，是指在数据监管领域中，由一系列相关联的制度和规范构成的一个相互衔接、相互支持的有机整体。数据监管制度规范支柱包含了不同层次、不同类型的规范，旨在通过建立一系列相互协调和衔接的规范，指导数据监管工作的开展，并确立对数据监管活动的规范和约束。

数据监管运营服务支柱：包括平台开发监管、数据治理监管、数据安全监管。设计数据监管服务体系是为了全面覆盖数据生命周期的各个方面，确保数据的合规使用，并保障数据安全。

平台开发监管聚焦平台建设与业主需求一致性，全周期监管平台开发过程，指导平台开发单位深入理解及落实需求，推动平台开发单位完成问题整改，并针对重难点专项工作开展专项监管，形成对相关专项工作实施成效的整体把握，发现问题，提出相应改进建议，把控一体化数字平台功能应用的开发成效。

数据治理监管围绕数据治理过程及活动主线，针对数据"一进一出"（数据接入、数据共享）开展常态化监管，推进数据治理工作高质保量、合规高效开展。

数据安全监管以数据安全相关制度文件为监管指导，通过介入安全业务流程，以用数安全为核心，落实数据全生命周期安全服务常态化监管。

数据监管技术保障支柱包括数据监督中台和监管成效展示两大模块。其中，数据监督中台可以划分为数据枢纽监管服务中心、数据资源监管服务中心、数据运营监管服务中心、数据安全监管服务中心和数据监管能力中心。数据监督中台提供必要的技术工具和解决方案，支持数据的收集、存储、处理、分析和保护。这些技术解决方案确保数据监管活动的自动化、标准化和高效运行，同时通过大屏（IOC）、中屏（PC）、小屏（App）进行监管成效展示，如图5-7所示。技术体系应提供必要的技术手段，使服务体系能够有效地执行数据监管任务，同时确保制度规范的要求得到技术层面的支持。

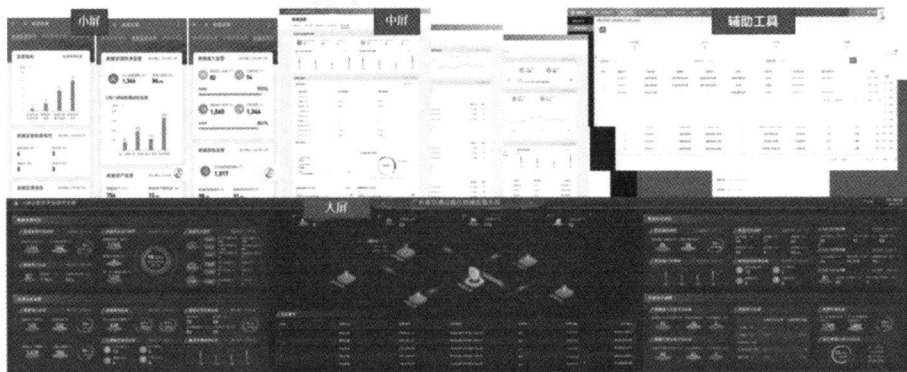

图 5-7　大屏（IOC）、中屏（PC）、小屏（App）监管成效展示

5.3.2　数据监管运行机制

数据监管运行机制作为"3+1"数据监管体系的运行保障,包含组织管理、计划管理、质量管理、风险管理、沟通管理、工作报告等六大举措,具体说明如下。

组织管理是数据监管体系的核心,包括数据监管结构的设置、角色和责任的定义,以及必要的资源分配。该举措确保数据监管责任清晰化,每个成员的角色和职责明确化,从高层管理到执行层面都有适当的授权和责任。

计划管理涉及数据监管活动的策划、实施和监控。通过明确的计划和时间表,这一举措能够确保数据监管活动有序进行,并且能够按照既定的时间节点检查和评估成果。

质量管理确保数据的准确性、完整性和可靠性。通过制定和执行严格的数据质量标准,降低数据的错误率和不一致性,提高数据的使用价值。

风险管理能够应对数据泄露、损坏或其他安全事件。这一举措包括事前的风险评估、事中的快速响应和事后的问题解决等方面,以确保在面临数据安全挑战时,组织能够迅速有效地做出反应。

沟通管理确保所有参与者之间形成有效的信息沟通。这包括内部沟通和与外部利益相关者的沟通。有效的沟通有助于共享信息、解决问题和促进合作,从而提高数据监管的效率和效果。

工作报告是指定期或根据需要向上级管理层报告数据管理的进展和成效的规定。这一举措有助于把控工作进度,及时调整策略,保证数据监管活动目标的实现。

第 6 章

交通数据监管

改革成效与评判

▶▶ 6.1 交通数字化改革成效

总体来看，经过 3 年的建设，广东省交通职能部门已在省厅顺利建成一体化数字平台，并实现以下成效。

1. 一体化数字平台建设

一体化数字平台实现了 8 个业务协同平台数据的互联互通，提供了数据协同和公共支撑服务，促进了业务流程再造，提升了广东省交通运输行业的治理能力和信息化水平，有力推动了广东省交通运输业的数字化发展。

2. 公共服务能力提升

一体化数字平台落实公共能力 16 项，含数字政府公共支撑能力 7 个，厅内能力 3 个（视频监控、电子航道、可视化），应用支撑能力 1 个，业务协同审批能力 2 个，公共软件（试用版本）2 个，高德地图服务 1 项，累计接入系统申请 133 个，公共能力服务调用累计超过千万次。

3. 数据采集体量拓展

搭建数据枢纽，累计接入系统 50 个，数据量约超 50 亿；对外数据服务 65 个系统，调用超 1200 万次；实时接收省内及域外车辆定位数据消息 4 亿条 / 天，回流地市及省直单位、厅内共 20 个系统，数据消息约 10 亿条 / 天。

为进一步促进省市各级交通业务协同发展，深度融合各条线业务，打造跨业务、跨系统、跨层级的高效协同交通机制，广东省交通职能部门现开展省市协同一体化数字平台的建设。广东省交通职能部门、市县（区）交通运输局及相关企事业单位协同开展交通运输领域数据治理工作，整体覆盖交通规划、建设管养、综合运输、行政执法和安全应急等主要业务。强化广东省贯通的业务体系，打造"三融五跨"的全省交通运输领域数据深度治理体系，实现省市一体化协同治理。

6.1.1 软件开发建设成效

在一体化数字平台软件开发建设中，广东省交通运输厅主要围绕主线及专项任务开展工作，建设成效如下。

1. 不断完善公共支撑能力，发挥底座支撑作用

重点开展用户中心能力建设、商用密码服务能力建设、常态化公共能力接入，以及厅内公共软件试用实施等工作。持续开展对交通标准规范管理系统和广东省交通综合行政执法信息系统等在建系统及存量系统的支撑。根据能力维度统计，一体化数字平台公共支撑能力累计申请数超百条，能力调用超 400 万次。公共支撑能力小屏建设情况示意如图 6-1 所示。

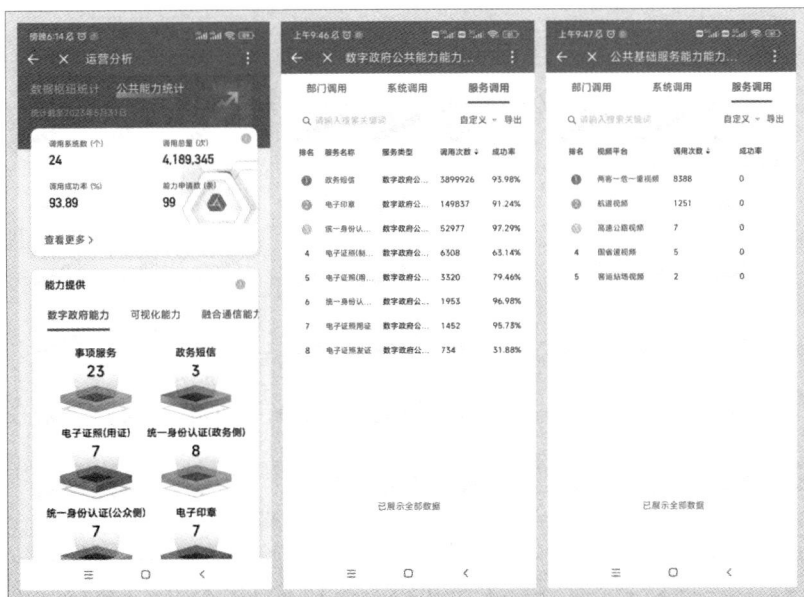

图 6-1 公共支撑能力小屏建设情况示意

2. 持续完善数据枢纽工具能力，夯实数据治理运营基础

一是迭代优化数据资产功能模块建设，完成数据资产批量上架功能开发及上线。二是支撑数据治理服务单位进行主题、专题库的建设，当前已初步完成 26 个库的建库建表工作。三是与安全服务单位开展专项研讨工作，已初步完成数据安全三屏改造、应用审计、分级分类对接等工作方案的讨论。

3. 配合其他单位上屏可感知成果，丰富三屏展示内容版图

广东省交通运输厅持续开展三屏应用接入工作，完成 2 个小屏应用及 1 个中屏应用。其中，小屏完成国 / 省道建设项目专题、国省干线路网监测专题，正在进行地市局数递应用接入工作；中屏完成数字港口专题，正在进行安全应急专题、综合执法专题的中屏接入联调工作；大屏首页优化设计持续进行中，安全应急专题、综合执法专题大屏接入工作也在同步开展。

6.1.2 政务数据治理服务成效

政务数据治理服务成效能够提升公共目标的支撑能力，是评估政府如何利用和管理其数据资产的关键指标，当前，广东省交通运输厅数据治理服务单位主要有以下 3 项服务成效。

1. 有序推进系统数据接入，逐步开展专题库建设

在系统数据接入方面，目前广东省交通运输厅通过梳理已建及在建系统，开展"两清一图"（职能清、应用清、业务泳道图）工作，对已有功能重叠系统关停并转，厘清待接入系统、不需要接入系统（包括关停系统、硬件系统、涉密信息系统、电子认证系统、财务管理系统等），开展数据监管

工作。

2. 响应部门数据共享需求，促进数据回流赋能行业治理

一是响应数据共享申请任务，提供常态化运营服务。共有 14 个厅内外单位和部门响应提出了 18 个数据共享需求。二是重要数据回流，有效支撑厅内外单位及部门的信息建设工作，逐步赋能地市进行交通运输行业治理工作。对外离线数据服务（例如，行政许可、执法等静态数据）累计调用已超百万次，环比增长 19.03%；实时消息服务（例如，GPS 实时位置数据）回流地市及厅内系统约 4.08 亿次 / 天，对比 2023 年 4 月底 3.68 亿次 / 天，增长了 0.4 亿次 / 天，环比增长 10.87%。实时消息服务回流情况如图 6-2 所示。

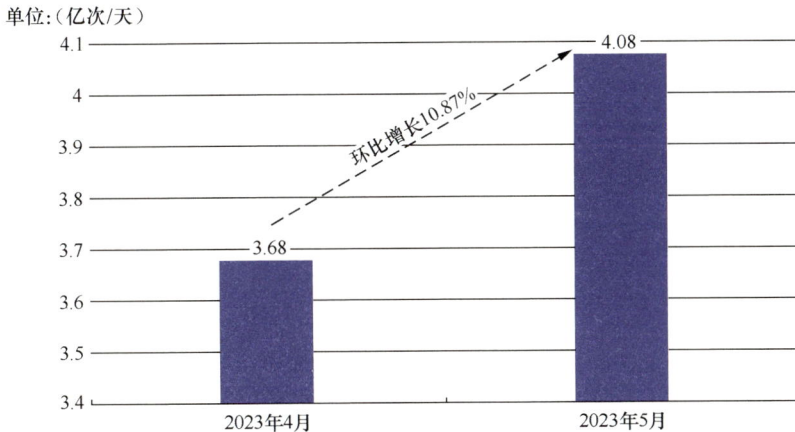

图 6-2　实时消息服务回流情况

3. 持续投入开发人员，促进平台功能迭代

一是牵头承担数据共享流程功能开发工作，目前已完成功能上线；二是结合数据治理实操工作，检验平台工具的使用情况，提出 134 条一体化数字平台问题及优化建议，持续推动一体化数字平台功能完善。

6.1.3 数据安全服务成效

广东省交通运输厅在数据安全工作中围绕主线及专项开展工作，主要有以下成效。

1. 推进安全标准文档编制，完善管理体系

通过编制制度规范，推动数据安全管理体系流程化、规范化和标准化，持续构建安全保障体系，促进标准规范体系不断完善健全。广东省交通运输厅安全服务单位共推动了 17 份制度规范的编制及审查审核工作。安全服务单位制度规范清单统计见表 6-1。

表 6-1 安全服务单位制度规范清单统计

序号	主要成果物名称
1	《交通运输厅数据安全管理办法》
2	《交通运输厅一体化数字平台数据安全权限管理办法》
3	《交通运输厅一体化数字平台数据共享交换安全管理规范》
4	《交通运输厅一体化数字平台数据安全运营管理规范》
5	《交通运输厅一体化数字平台数据安全权限实施细则》
6	《交通运输厅一体化数字平台数据安全分类分级实施细则》
7	《交通运输厅一体化数字平台数据安全传输管理规范》
8	《交通运输厅一体化数字平台数据安全存储管理规范》
9	《交通运输厅一体化数字平台数据安全处理管理规范》
10	《交通运输厅一体化数字平台数据安全销毁管理规范》
11	《交通运输厅网络数据安全评估和检查规范》
12	《一体化数字平台网络和数据安全事件应急预案》
13	《交通运输厅一体化数字平台数据采集规范》
14	《交通运输厅政务系统代码安全规范》

序号	主要成果物名称
15	《一体化数字平台安全基线手册》
16	《交通运输厅重要数据识别指南（试行）》
17	《交通运输厅网络安全事件应急预案》

2. 持续开展安全日常运营，保障平台安全

一是紧密配合数据治理单位开展数据接入及数据共享工作，严控数据"一进一出"风险。广东省交通运输厅综合运输平台水运监管子系统、广东省航道事务中心电子航道图平台和广东省交通综合行政执法信息系统 3 个系统的数据接入完成安全评估，生态环境厅等 3 家单位的数据共享用数安全评估已完成。

二是开展一体化数字平台数据安全工具常态化运营，完成数据脱敏库创建与测试验证、数据安全管控平台服务器云镜监测插件排查、测试漏洞升级软件版本等工作。

三是完成交通运输厅网络和数据安全工作月报的编制及印发。

四是开展一体化数字平台数据安全工具常态化运营，完成数据风险态势报告、数据资产分析报告、一体化数字平台数据安全运营台账总表等的编制。

五是完成漏洞扫描工具版本升级，主要工作包括协调定制漏扫工具安装包、漏扫工具版本升级、漏扫工具高危漏洞整改。

▷▷ 6.2　交通数据治理工作评估设计

在构建和优化政府数据治理工作评估体系的过程中，需要有系统的设计确保数据治理的全面性和高效性。为了加强数据治理工作评估及业务需求审查等工作的标准化与规范化管理，广东省交通运输厅围绕数据治理工作评估

和业务需求审查相关要求，开展了相关制度和规范的研究工作。广东省交通运输厅数据治理工作评估设计的主要环节及目标内容如图 6-3 所示。

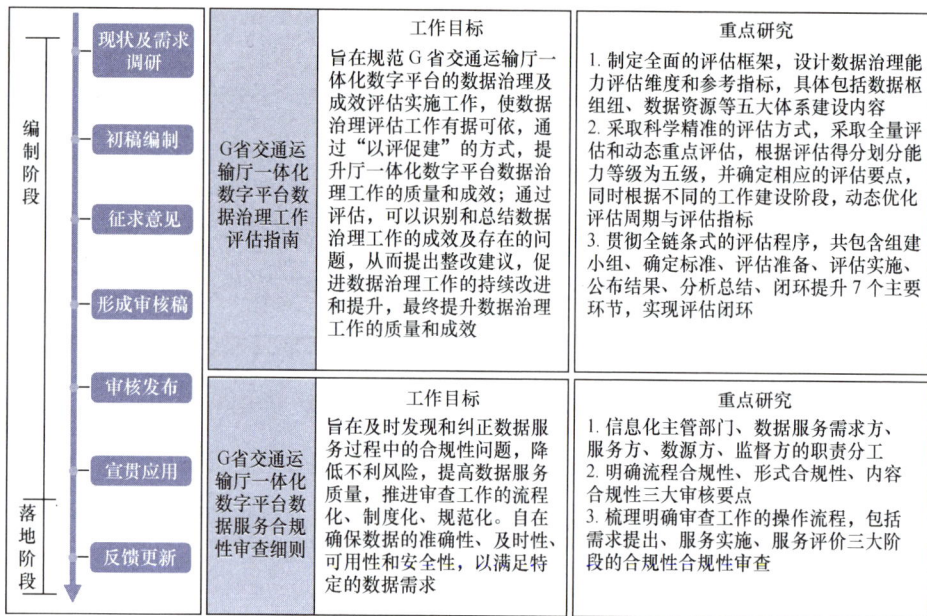

		工作目标	重点研究
编制阶段	现状及需求调研 初稿编制 征求意见 形成审核稿	G省交通运输厅一体化数字平台数据治理工作评估指南	旨在规范 G 省交通运输厅一体化数字平台的数据治理及成效评估实施工作，使数据治理评估工作有据可依，通过"以评促建"的方式，提升厅一体化数字平台数据治理工作的质量和成效；通过评估，可以识别和总结数据治理工作的成效及存在的问题，从而提出整改建议，促进数据治理工作的持续改进和提升，最终提升数据治理工作的质量和成效	1. 制定全面的评估框架，设计数据治理能力评估维度和参考指标，具体包括数据枢组织、数据资源等五大体系建设内容 2. 采取科学精准的评估方式，采取全量评估和动态重点评估，根据评估得分划分能力等级为五级，并确定相应的评估要点，同时根据不同的工作建设阶段，动态优化评估周期与评估指标 3. 贯彻全链条式的评估程序，共包含组建小组、确定标准、评估准备、评估实施、公布结果、分析总结、闭环提升 7 个主要环节，实现评估闭环
落地阶段	审核发布 宣贯应用 反馈更新	G省交通运输厅一体化数字平台数据服务合规性审查细则	旨在及时发现和纠正数据服务过程中的合规性问题，降低不利风险，提高数据服务质量，推进审查工作的流程化、制度化、规范化。旨在确保数据的准确性、及时性、可用性和安全性，以满足特定的数据需求	1. 信息化主管部门、数据服务需求方、服务方、数源方、监督方的职责分工 2. 明确流程合规性、形式合规性、内容合规性三大审核要点 3. 梳理明确审查工作的操作流程，包括需求提出、服务实施、服务评价三大阶段的合规性合规性审查

图 6-3 广东省交通运输厅数据治理工作评估设计的主要环节及目标内容

6.2.1 交通数据治理工作评估设计的主要阶段

数据治理工作评估设计工作主要分为编制阶段和落地阶段两个环节。其中，编制阶段是建立数据治理工作评估体系的基础，主要包括以下 5 个关键步骤。一是现状及需求调研：确定要调研的数据治理领域（例如数据质量、安全、合规性等），以及调研将涉及的部门和业务流程，并设计精确的调研工具和方法。二是初稿编制：根据确定数据治理工作和行业相关要求，制定具体的评估指标和标准，对不同的评估指标设定权重，以反映各指标在整体数据治理工作中的重要性。三是征求意见：形成初稿后广泛征求来自各利益相关方的意见，例如信息化主管部门和数据服务需求方等，以进一步完善和调整评估体系。四是形成审核稿。五是审核发布。

落地阶段是实施和应用数据治理工作评估体系的实践阶段，重点在于将编制阶段的理论和框架转化为具体方案，包括两个步骤。

第一步为宣贯应用：根据编制阶段确定的指标和标准，进行数据治理工作的评估工作；通过培训、研讨会等形式，推广数据治理工作评估的理念和成果，确保评估体系的广泛应用和持续优化。第二步为反馈更新：将评估结果反馈给相关的数据治理负责单位，指出其中存在的问题和需要改进的方向。根据反馈结果，调整和完善数据治理工作的策略和措施。

6.2.2　交通数据治理工作评估设计的目标与重点

政务数据治理工作评估的不同阶段对应不同的工作产出、工作目标与重点内容。在广东省交通运输厅数据治理工作评估中，形成一体化数字平台数据治理工作评估指南文件，目标在于规范广东省交通运输厅一体化数字平台的数据治理及成效评估实施工作，使数据治理评估工作有据可依，通过"以评促建"的方式，提升厅一体化数字平台数据治理工作的质量和成效。

交通数据治理工作评估设计的目标与重点在于以下 3 点。一是制定全面的评估框架，设计数据治理工作评估维度和参考指标，具体包括数据枢纽体系、数据资源体系、数据运营管理体系、数据安全体系及数据标准规范体系五大体系建设内容。二是采取科学精准的评估方式，广东省交通运输厅数字平台数据治理工作评估采取全量评估和动态重点评估，根据评估得分划分能力等级为 A、B、C、D、E 五级，并确定相应等级的评估要点，同时根据不同的工作建设阶段（例如一二期建设、建设与运营运维阶段）及建设内容的不同，动态优化评估周期与评估指标。三是贯彻全链条式的评估程序，共包含组建小组、确定标准、评估准备、评估实施、公布结果、分析总结、闭环提升 7 个主要环节，以实现评估闭环。

另外，在落地阶段，同步形成交通运输厅一体化数字平台数据服务合规性审查细则，旨在及时发现和纠正数据服务过程中的合规性问题，减少不利风险，提高数据服务质量，推进审查工作的流程化、制度化、规范化。

在这个阶段主要侧重于以下 3 个方面。一是信息化主管部门、数据服务需求方、服务方、数源方、监督方的职责分工。二是明确流程合规性、形式合规性、内容合规性三大审核要点。三是梳理明确审查工作的操作流程，包括需求提出、服务实施、服务评价三大阶段的合规性审查。

政府数据治理工作评估的目标和重点是确保数据的高效管理和使用，以支持政府的决策制定、提高公共服务效率，并确保数据的安全和合规性。评估工作不仅需要关注政策和流程的制定，还要注重实际操作能力的提升和技术支持的完善，以实现和优化数据治理目标。

▶▷ 6.3 数据监管中台的评判

6.3.1 数据监管中台与数据主动监管

在政府数据监管中，数据中台的作用尤为重要。因为政府部门需要处理大量的数据，并确保数据的安全、透明和有效利用。通过数据中台，政府能够实施统一的数据安全政策和监管标准，例如，数据访问控制、数据加密和安全审计。这不仅有助于保护公民的个人信息安全，还能确保政府符合相关的数据保护法规和政策。同时，数据中台使政府能够利用集成的数据资源，深入分析和洞察数据。数据驱动的决策支持系统可以提高政策制定的科学性和精确性，从而增强政府应对社会、经济和环境问题的能力。

在政务数据监管应用主动治理，强调采取前瞻性、预防性措施，以提高政府的工作效率和透明度，同时确保数据安全，保护好公民隐私。数据中台的数字富集程度使通过主动治理以推动政务数据的主动监管成为可能。以数据监管中台推动数据的主动监管，是通过构建一个集中且功能强大的平台，来实现数据的统一管理、监控和保护。这个具有主动监管能力的数据中台不仅能够提高数据管理的效率，还能确保数据安全的前瞻性和整体性。

6.3.2　建构具有主动监管能力的数据中台

建构具有主动监管能力的数据中台是一项复杂且关键的任务，涉及数据安全、透明度、及时性和可靠性。数据中台不仅要处理大量的数据，还要确保数据的合规性和保密性，建构具有主动监管能力的数据中台需要系统地整合技术、流程和人员的配置。具有主动监管能力的数据中台可以确保数据的安全性、完整性和合规性，并能够在发现问题时及时采取行动。

1. 构建数据监管中台架构

数据监管中台作为政府数据资产的核心管理平台，负责数据的收集、存储、处理、分发和保护，并进行集中管理；平台设计应模块化，各模块负责不同的功能，例如，数据安全、数据质量、数据共享等，以便根据需要灵活扩展或修改各模块。

2. 数据质量控制

通过自动化工具对数据进行清洗、验证和标准化，确保数据质量，实现自动化清洗和标准化；实时监控数据的质量，及时发现并纠正数据存在的问题。

3. 数据安全与合规

实施基于角色的访问控制，确保只有被授权的用户才能访问特定数据，实现细粒度访问控制；对敏感数据进行加密和脱敏处理，保护数据在存储和传输过程中的安全；定期检查数据使用是否符合相关的法规要求等。

4. 监控与预警系统

利用机器学习和行为分析技术监测不寻常的访问和数据操作行为，及时发现潜在的威胁或滥用情况。一旦监测到异常活动，系统应自动实时预警，并触发应对措施。

5. 数据共享与开放

确保数据在不同部门和机构之间安全、有效地共享，支持政府服务的整体优化；促进数据的开放使用，提高政府工作透明度，同时确保数据符合隐私保护的规定。

6. 持续改进与技术创新

定期评估和引入新技术（例如，云计算、区块链技术等），以增强数据监管中台的功能；建立反馈机制，收集用户和数据使用者的反馈，持续优化数据监管中台的功能和用户体验。

通过主动监管能力建设，数据监管中台能够提供一个强有力的工具集，用于主动监管政府数据，这不仅能提高政府运营的效率和透明度，还能加强数据的安全性和合规性。这种集中而系统的方法有助于最大化利用政务数据资产。

6.3.3　数据中台："小主动—大主动—全主动"

"小主动—大主动—全主动"是数据中台主动监管能力逐步推进的策略，该策略强调从小规模试点开始，逐步扩大范围，最终实现全面主动监管。

1. 小主动：试点与初步实现

选择试点领域，选取一个或几个具有代表性的数据管理领域作为试点，例如，公共安全、健康信息或金融监管等；在选定的业务领域中部署数据中台的基础工具，实现基本的数据收集、存储和访问控制功能，便于数据的基础管理和确保数据安全。在此基础上初步实现主动监管的机制，建立基础的数据质量检查、安全监控和合规性评估机制，并进行简单的自动化处理和响应。

2. 大主动：扩展与深化

将试点成功的经验和技术解决方案扩展到更多的数据领域和业务流程中；同时增强数据治理功能，并加强数据质量管理，实现更高级的数据清洗、标准化和整合功能。试点采用高级监控与分析技术，利用高级数据分析和机器学习技术，对数据的使用模式进行更深入的分析，以提高异常检测的准确性和预警的及时性；增强数据中台监管的合规性与安全措施，实施更严格的数据访问控制和安全策略，确保数据的高级加密和安全防护。

3. 全主动：全面实施与持续优化

首先，在已有实践基础上尝试全面覆盖，确保所有关键数据领域和业务流程都纳入数据中台的管理和主动监管范围；其次，推进数据中台的智能化，实现数据处理和响应的全自动化，减少人工干预，提高效率和响应速度；再次，在后续的优化中动态调整，根据监控数据和用户反馈，持续优化数据治理策略和技术平台，提高系统的灵活性和适应性；最后，不断创新并引入前瞻性技术，探索和应用前沿技术，例如，人工智能技术和区块链技术等，以增强数据中台的效能。

通过"小主动—大主动—全主动"分阶段实施的策略，数据中台能够逐步构建一个强大的、自动化的、全面的数据监管体系。每一阶段的成功实施都为下一阶段的推广和应用奠定了基础，最终实现全面有效的主动监管。这种策略不仅可以提升数据治理的质量和效率，还能够有效应对各种合规风险，保护数据资产的安全，提高数据的使用价值。

07

政务数据监管
典型案例

在广东省交通运输厅的数据监管服务中，通过事前、事中和事后 3 个阶段的监管实践，积累了丰富经验。

在事前阶段，充分调研并深度理解广东省交通运输厅的建设需求，明确监管目标，明确数据监管单位的定位，部署数据监管的战略规划，为平台开发、数据治理和数据安全等核心工作任务设立监管埋点。秉持制度规范先行原则，针对重点工作提炼工作要点，形成工作指引，为各实施单位提供明确、具体、可操作的指导，打好牢固的规范根基，确保各项建设工作能够高效、有序、规范地进行。为助力规范编制工作不断优化完善，从形式、内容、发布流程三大方面监管实施单位对数据治理、数据安全上新编规范文件存在的不足，给予相应的修改建议，通过制度合规性审查分析，推动制度质量不断提升，更好为数据治理、数据安全相关工作提供指导。

在事中阶段，围绕监管平台建设与业主需求一致性，面向平台开发、数据治理、数据安全三个方面，持续开展日常监管及专项监管等动态监管工作。平台开发方面，主要针对系统需求、系统设计、系统开发与测试情况及系统验收审查等建设内容进行监管，通过全周期监管开发单位需求理解、开发过程，协助推动实施单位理解、整改、提升。数据治理方面，围绕数据治理过程及活动主线，明确数据治理监管内容，设置数据接入、数据共享的监管要点，采用"工具自动化审查 + 人工检查"的监管方式落实数据治理监管程序，推进数据治理工作高质保量、合规高效开展。数据安全方面，以数据安全相关制度文件为监管指导，以数据分类分级监管抓手，通过介入业务流程，梳理监管过程要点，实现数据全生命周期安全服务监管，严控政务数据安全风险，落实数据安全内控、内审。同时针对相关重难点专项工作进行深入分析，形成对相关专项工作实施成效的整体把握，发现问题，提出相应改进建议，此外，在开展监管工作过程中，数据监管单位结合数据监管实践的不断深入，落实辅助工具开发工作，不断迭代摸索平台开发监管指标、数据治理监管指标、数据安全监管指标等数据监管可视化指标，以指标辅助数据监管工作的实施，实现监管科学化，智能化办公室，为领导了解数据监管工作实时进展提供更精细化的服务，有效辅助领导决策。

在事后阶段，在各项目建设开始收官，落实一体化平台建设各项服务成果审查工作，针对有关单位的实施情况进行总结分析，从一致性、流程合规性、形式合规性和内容合规性四个方面，核查工作成果符合服务合同要求及项目目标的有效实现，并根据服务成果审查情况，输出相应的服务成果审查报告，促进有关单位项目验收的顺利开展。

下面将结合以下 3 个案例展开讲解。

7.1　小屏"数说交通"专栏

7.1.1　小屏"数说交通"的背景及成效

三屏联动面向各类用户提供全业务领域数据呈现服务，是"能力管理、能力协同、数据协同"的重要载体，是提升业务处理能力和管理效率、打造交通特色品牌的重要支撑，其中，小屏"数说交通"专栏作为移动数据看板，为领导、业务处室提供业务指标分析展示，是监控业务运行状况、支撑决策分析、促进跨部门协作、激发业务持续改进的重要窗口。

1. 工作进展成效

"数说交通"专栏共上线 18 个专题，对接多个大业务协同平台的多个系统，涵盖多个相关处室及单位。"数说交通"专栏对接业务协同平台情况如图 7-1 所示。

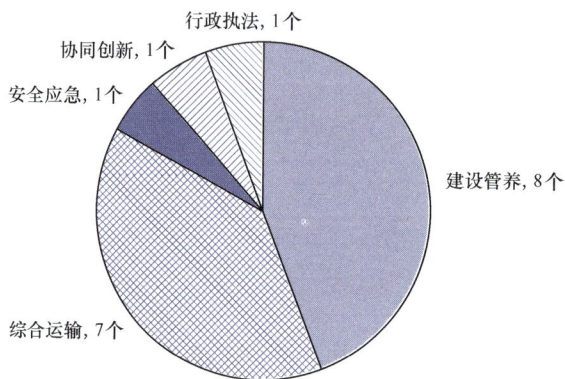

图 7-1　"数说交通"专栏对接业务协同平台情况

"数说交通"专栏涵盖各处室及单位情况如图 7-2 所示。

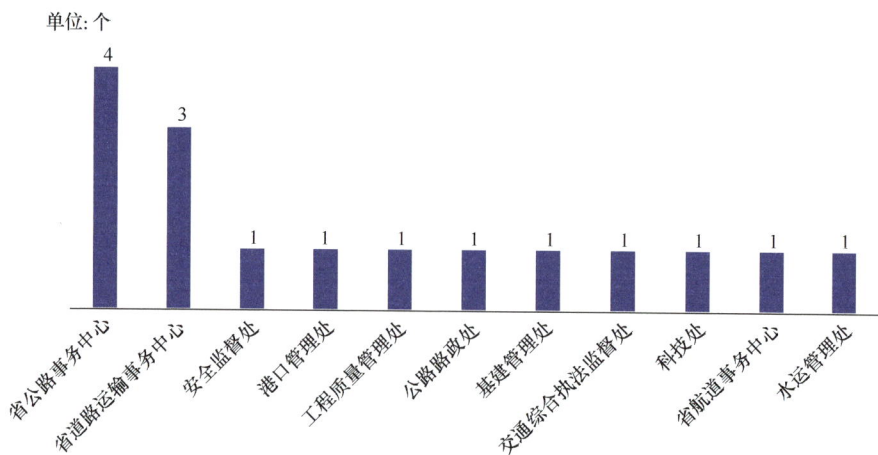

图 7-2　"数说交通"专栏涵盖各处室及单位情况

"数说交通"专栏各专题具体情况见表 7-1。

表 7-1　"数说交通"专栏各专题具体情况

平台	专题名称	专题内容
建设管养	数字农村公路	展示数字农村公路建设投资概览、项目开展情况、投资构成情况、工程进度情况及地市排名等
	服务区服务质量评价	包含高速公路服务区和普通公路服务区公众满意度评价2个模块,展示服务区公众满意度评价
	公路交通调查	展示各地市客车、货车、机动车的区域流量和各地市监测设备动态的在线数量和在线率等
	公路基础数据	展示2022年广东省全省养护统计年报和农村公路年报等公路路网基础数据,包括路线、桥梁和隧道等分类统计分析数据
	智慧航道	展示航道建设情况、船闸运行情况、巡检养护情况等
	养护资质	展示公路养护作业单位资质申报、签发总数及比例,并对路基路面、桥梁、交通安全设施、隧道四大类8小类养护资质签发情况进行汇总分析
	从业实名监管	展示建设工程从业人员总数、从业单位总数、从业单位和从业人员的分类统计数据等
	公路路政管理	包含大件运输和涉路施工2个模块,展示办件发证情况及事项类型、评价、办结时间分布等
综合运输	车辆智能监管	展示监管系统主要数据指标及通知公告,并包含辖区概况、风险汇总和接入统计3个二级模块
	道路运输市场监管服务	包括从业人员、驾培监管和车辆检测3个模块,展示情况概览、各时间段、地市分类统计分析等
	道路运输监管	展示道路运输情况、旅客运输情况、危货运输情况、驾驶培训情况等
	综合运输服务	展示汽车客运联网售票情况、公交一卡通情况、新能源车辆监测情况、12328交通运输服务热线情况等

续表

平台	专题名称	专题内容
综合运输	节假日保障	包括出行概况、交通场站和路网监测3个模块，通过数据分析支撑节假日出行保障
	水运监管	展示各年度水路旅客运输统计、经营区域类型统计、水运运力情况、水运运量情况、地市企业情况、地市船舶情况等
	数字港口	包括港口经营、港口生产、港口安全和绿色港口4个模块，对港口情况进行统计汇总
安全应急	安全应急	包括安全事故、3类人员考试和安全专项3个模块，对安全应急情况进行统计汇总
行政执法	综合执法	围绕执法数据，以案件、站点、人员为统计指标，包括"执法概览""执法案件""执法场所""执法监测点""执法力量"等综合执法数据的分析展示
协同创新	科技协同创新	从科技项目、经费投入、科技成果、科技人才等维度对交通科技协同创新情况进行分析，为科技业务决策提供辅助支撑

2. 用户体验成效

在感官体验上，不同专题基于统一用户界面（User Interface，UI）设计，呈现出的界面布局清晰且有条理，色彩搭配和谐，为用户提供了舒适的视觉体验，且各专题内容形式基本统一，使用户在不同专题上可获得一致的使用体验。

在交互体验上，经过多次性能优化提升，各专题数据、图表基本实现快速加载和及时响应，使用户操作更为流畅，部分专题通过顶层模块导航设计，帮助用户快速跳转至相应数据板块。

在浏览体验上，"数说交通"专栏各专题内容翔实度和建设完成度得到了显著提升，各级人员可在三屏联动平台上获得丰富的数据信息，从而更好地支持决策和业务流程。

3. 数据呈现成效

在数据可视化上，各类型数据呈现形式多样，采用柱状图、条形图、折线图、饼图、圆环图等形式，以清晰、易懂的方式展示数据，为用户提供了直观的视觉体验。

在数据筛选与交互上，部分专题提供了时间和地点的筛选功能，使用户能够针对特定时间段、特定地点查询数据，例如，"数字港口""节假日保障专栏"等。数据筛选优秀实例如图 7-3 所示。

图 7-3　数据筛选优秀实例

部分专题通过数据地图等交互式图表设计为用户带来了更为丰富的数据呈现形式，例如，"从业实名监管—从业人员 / 单位分布统计—从业单位""综合执法—执法概览""道路运输市场监管服务—从业人员分布图""数字农村公路—项目概况—地市完成率"等。

在数据实时性上，数据基本实现及时更新，并在数据一致性、准确性上有所保障，例如，"节假日保障专栏"基于最近的节假日，及时更新相关数据及模块，并调整主题风格以支持各节假日专属界面设计。

数据注释与解读为大部分数据提供了必要的统计时间、更新时间注释，保证数据理解的准确性，例如，"节假日保障专栏"提供了最新数据洞察研判报告。

数据解读优秀实例如图 7-4 所示。

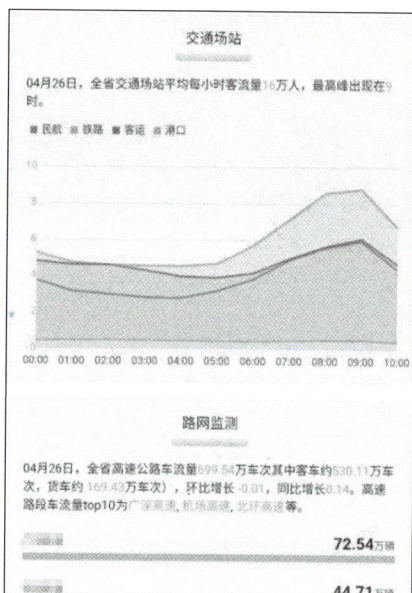

图 7-4　数据解读优秀实例

4. 集成协同成效

在机制与流程上，形成广东省交通运输厅一体化数字平台三屏联动第三方专题对接相关指引，保证三屏联动对接工作在统一开发规范的管控下，提升工程质量。

在标准与规范上，形成广东省交通运输厅一体化数字平台 UI 相关规范，并通过界面设计评审，确保界面设计上的规范统一。

5. 安全稳定成效

在安全性保障上，三屏联动安全基于广东省交通运输厅一体化数字平台及政务平台双重安全保护，数据对接基于安全工具，接口由安全开发人员开发测试上线，全面保障数据、系统安全。

在稳定性保障上，由平台建设服务单位根据内部自研系统运维相关管理办法进行保障，落实"7×8"（每周7天，每天8小时）运维保障要求，实现运维故障问题管理和快速响应处置。

7.1.2　小屏"数说交通"的问题及原因分析

1. 用户体验问题

感官体验方面：部分页面设计与其他页面风格不统一。例如，"车辆智能监管平台"专题选项卡、图标配色与其他专题存在一定的差别。页面风格不统一实例如图7-5所示。

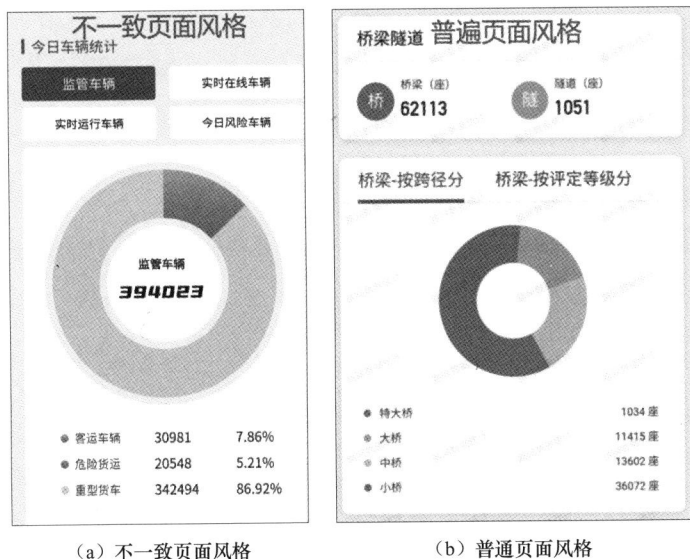

（a）不一致页面风格　　　　　（b）普通页面风格

图 7-5　页面风格不统一实例

107

交互体验方面：缺乏内部数据目录，跳转不便。部分专题例如"水运监管"，单个页面数据、图表较多，且未做模块划分，导致单个页面展示图较长，难以快速定位查阅特定数据。部分数据切换卡顿，例如，在"数字港口—绿色港口—地市污染物接收情况排名"中，从其他类别数据跳转回"生活垃圾"时，数据无法更新。数据切换卡顿实例如图7-6所示。

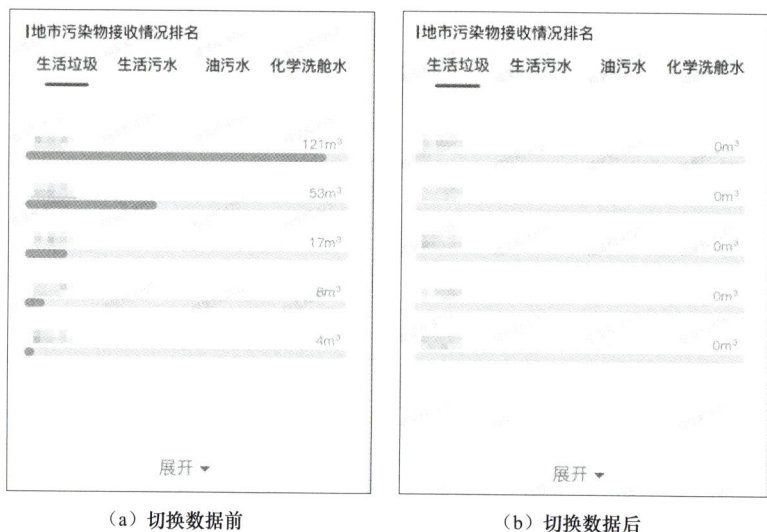

（a）切换数据前 　　　　　　　　（b）切换数据后

图 7-6　数据切换卡顿实例

浏览体验方面：部分数据尚不可访问。例如，在"公路路政管理—涉路施工—路政许可办件事项分布"中暂无办理事项数据，在"智慧航道—船闸分析"中暂无船闸详细数据，"水运监管"中除了2023年外的部分数据存在缺失等。数据不可访问实例如图7-7所示。

2. 数据呈现问题

数据可视化方面：大部分图表无数据标签，数值展示不够直观，需要单击具体名称才能看到具体数据。例如，"综合执法—执法概览—法律法规情况"环形图等。部分数据图表设计仍有待优化，例如部分折线图纵坐标区间过大，难以直观地呈现数据变化。部分数据展示不全，部分柱状图默认仅展示部分数据，需要用手指进行缩放才能显示全部数据，且缺乏操作提示。无数据标签图表实例如图 7-8 所示。

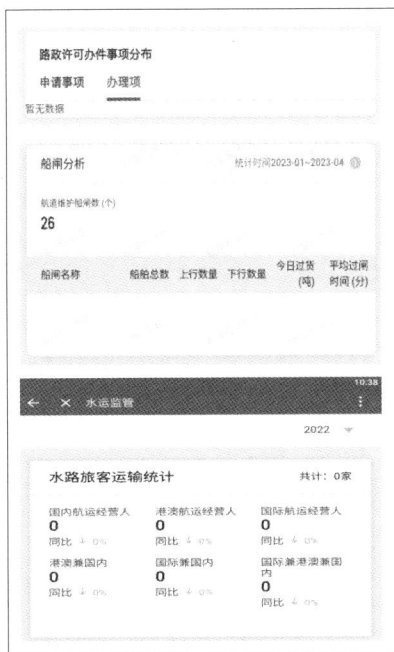

图 7-7　数据不可访问实例

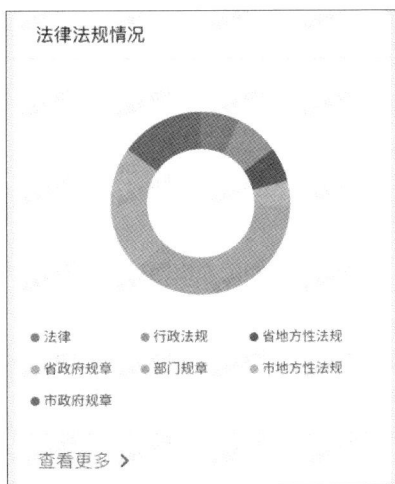

图 7-8　无数据标签图表实例

数据的筛选与交互方面：

第一，仅支持数据的时间维度筛选，难以满足多维度筛选图表的浏览需要。例如，在"综合执法—执法场所—交通稽查站"详细图表中，仅能按月份筛选，无法按地市筛选。数据筛选实例如图 7-9 所示。

第二，图表数据无法自定义排序。例如，"综合执法—执法监测点—高速公路收费站"详细图表等。图表数据排序实例如图 7-10 所示。

第三，不支持数据的定制化对比。多时间点数据仅支持单个时间点的数据展示，不支持不同时间点数据的定制化对比。

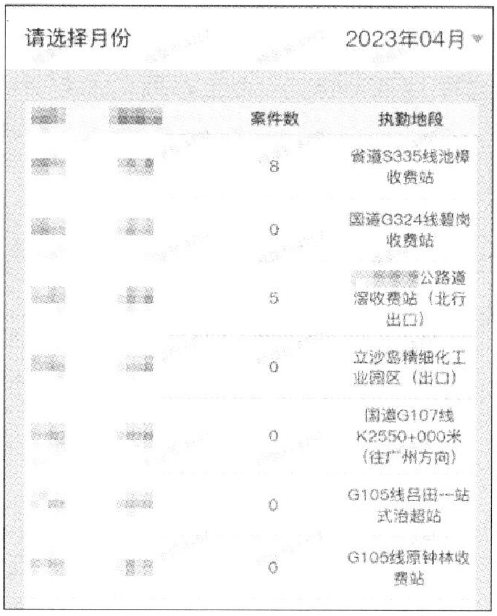

图 7-9　数据筛选实例

图 7-10　图表数据排序实例

数据实时性与准确性方面：部分数据更新较为滞后。例如，"水运监管—水运运量情况"数据更新截止时间为 2023 年 2 月 28 日。数据更新滞后实例如图 7-11 所示。

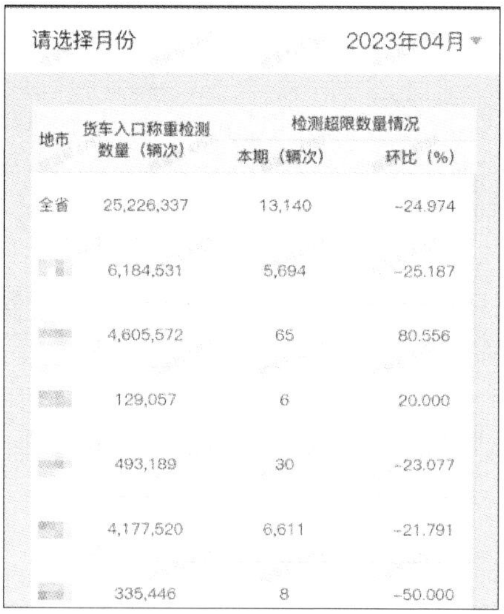

数据注释与解读方面：

第一，部分数据口径缺乏注释，易出现混淆。例如，"从业实名监管"中数据同时存在全国、全省、地市统计口径数据，未充分注释易导致数据呈现混乱，影响用户使用体验。数据口径缺乏注释实例如图 7-12 所示。

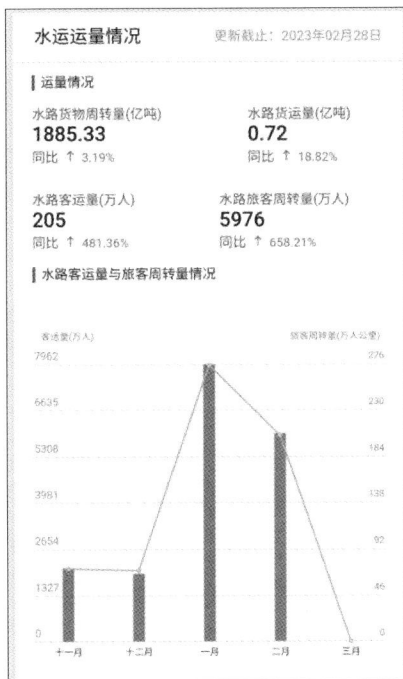

图 7-11　数据更新滞后实例　　　图 7-12　数据口径缺乏注释实例

第二，部分注释展示不直观，需要点击提示图标才能查看。部分数据统计日期需要点击提示图标才能具体了解，而部分数据直接注释了统计日期，更加直观清晰。数据注释展示实例如图 7-13 所示。

3. 集成协同问题

机制与流程方面：目前尚未设计形成覆盖三屏联动全过程的工作流程机制，如果各方的职责边界不明确，联动效果则很难管控。

图 7-13　数据注释展示实例

标准与规范方面：目前仅对 UI 与对接进行规范，缺乏统一的数据质量标准。难以保证数据的准确性、完整性和时效性，进而影响数据的呈现效果。

、**跨系统数据整合与分析方面**：当前基本采取"一系统一专题"形式，不同系统间数据来源尚未得到充分整合，导致当前数据呈现和分析存在局限，尚未实现跨单位、跨系统、多角度的数据展示和分析。

4. 安全稳定问题

监控与告警方面：缺少实时监控和告警机制。例如，缺少对系统性能、异常行为和安全威胁的监控，可能导致潜在问题无法被及时发现和处理。

故障预防与恢复方面：缺乏专门的运维保障机制和应急预案，可能导致在应对系统故障、软硬件异常和网络波动等问题时，系统无法在短时间内恢复正常运行，从而影响用户体验和业务的连续性。

7.1.3 小屏"数说交通"的对策分析

"数说交通"专栏距离实现"好用"的目标仍有一定的差距，需要持续推

动各平台系统的对接，丰富专题建设，不断完善用户体验，优化数据呈现效果，
推进集成与协同，确保安全稳定。

1. 改善用户体验

在完善 UI 设计规范和标准、强化 UI 审核落实、对不合理的 UI 进行优化，
以及确保页面设计风格统一的同时，应设计完善的导航结构和内部数据目录，
便于用户快速查找数据。此外，还应持续监控、优化数据加载速率和响应时
间，解决数据切换卡顿的问题，持续提升系统的性能。

2. 优化数据呈现

一方面，制定数据可视化规范，统一图表的风格和数据标签展示，完善
数据呈现效果，提高数据呈现的直观性。另一方面，完善数据筛选与交互功
能，支持多维度筛选和定制化对比，通过时间轴或其他控件，提供交互式体验，
以满足用户需求。此外，还应强化数据质量管理，确保数据的实时性、准
确性和一致性。加强数据口径的注释与解读，优化注释内容的展示方式，降
低用户的理解成本。

3. 促进集成协同

一方面，设计全面覆盖需求分析、设计规划、UI 审核、联调测试、部署
发布、持续改进等三屏联动全过程的工作流程机制，明确各方的职责边界，
实现有效的协同管理。另一方面，制定统一的数据质量标准和规范，提升数
据质量和呈现效果，加强跨系统数据整合与分析，提高数据间的关联性和一
致性，实现多维度、多角度的数据展示和分析。

4. 保障安全稳定

建立三屏联动实时监控和告警机制，可以对系统性能、异常行为和安全
威胁进行监控并及时发现和处理潜在问题。同时，还应建立专门的三屏联动
运维保障机制和应急预案，提高系统的稳定性和应对故障的能力。

▶▶ 7.2 外省货运车辆数据接入与共享

7.2.1 外省货运车辆数据接入与共享的背景

1. 外省货运车辆数据接入情况

根据交通运输部科技司关于通过部省数据共享交换平台传输全国道路货物运输车辆公共监管与服务平台数据相关工作的相关信息，交通运输部数据共享交换平台已面向各省创建了货运平台数据传输通道，并统一向各省提供传输货运平台数据的开发包。各单位可以通过交通运输部数据共享交换平台申请本省数据通道，并基于开发包开发数据接收和推送程序，实现本辖区货运平台数据的获取和上传。截至 2023 年，广东省交通运输厅一体化数字平台通过交通运输部数据共享交换平台已接入 3 类货运平台数据（车辆定位信息、车辆基础信息、车辆终端注册信息）、2 类货运车辆信息查询接口（道路运政营运车辆信息资源服务接口、营运车辆信息批量查询资源服务接口），详见表 7–2 和表 7–3。

表 7–2　已接入交通运输部数据共享交换平台的 3 类货运平台数据

序号	接入数据	数据项
1	车辆定位信息	车牌号、定位时间、经度、纬度、车辆归属省的行政区域编码、车载区域编码、车载终端速度、总里程、方向、海拔、车辆状态、报警状态
2	车辆基础信息	车牌号、车牌颜色、服务商、车主电话、车辆归属省的行政区域编码、额定载质量、准牵引总质量、总质量、外廓长度、外廓高度、车架号、车辆品牌、车辆类型
3	车辆终端注册信息	车牌号、车牌颜色、平台唯一编码、车载终端厂商唯一编码、车载终端型号、车载终端编号、车载终端SIM卡

表 7-3　已接入交通运输部数据共享交换平台的 2 类货运车辆信息查询接口

序号	查询接口	输入业务参数	输出返回值
1	道路运政营运车辆信息资源服务接口	车辆（挂车）号牌、道路运输证号、车辆识别代码（Vehicle Identification Number，VIN）	车辆状态（车辆营运状态）、车辆（挂车）号牌（道路运输证信息）、车牌颜色代码（道路运输证信息）、道路运输证号、道路运输证有效期起、道路运输证有效期止、经营范围、VIN、车辆类型代码、总质量、车辆核定载客位、车辆燃料类型、发证机构、车辆车长、车辆车宽、车辆车高、车籍地行政区域代码、业务信息ID、省级行政区划代码、经营许可证字、经营许可证号、经营许可证有效期起、经营许可证有效期止、经营状态、经营业户名称、经营业户所在地行政区划代码、负责人姓名、经济类型、发证机关、核发日期、经营范围
2	营运车辆信息批量查询资源服务接口	车辆（挂车）号牌、车牌颜色代码	车辆类型代码、车辆核定载客位、车辆（挂车）总质量、车辆厂厂型号、发动机、省行政区划代码、车辆（挂车）号牌、车牌颜色代码、客车类型与等级、道路运输证号、经营范围

2. 外省货运车辆数据共享情况

截至 2023 年，广东省交通运输厅一体化数字平台共收到厅内外 4 家单位关于外省货运车辆数据共享需求的申请，其中，已完成省道路运输事务中心、省公安厅交通管理局的数据需求共享工作，正在开展 G 市交通运输局和 D 市交通运输局 2 家单位的数据需求共享工作。厅内外单位—外省货运车辆数据共享需求见表 7-4。

表 7-4　厅内外单位—外省货运车辆数据共享需求

序号	用数方	用数需求
1	省道路运输事务中心	跨域车辆定位信息、跨域车辆基础信息、跨域车辆终端注册信息、道路运政营运车辆信息资源服务接口、营运车辆信息批量查询资源服务接口

序号	用数方	用数需求
2	省公安厅交通管理局	跨域车辆定位信息、跨域车辆基础信息
3	G市交通运输局	跨域车辆定位信息、跨域车辆基础信息
4	D市交通运输局	跨域车辆定位信息、跨域车辆基础信息

7.2.2　外省货运车辆数据接入与共享的问题及原因分析

1."外省营运车辆批量查询接口"接入与封装共享进度滞后

研究发现，2023年4月，申请通过交通运输部"外省营运车辆批量查询接口"后，广东省交通运输厅一体化数字平台数据治理单位与交通运输部运输司人员沟通确认，营运车辆批量查询接口仅提供查询功能，不能提供数据同步功能。广东省交通运输厅一体化数字平台数据治理单位与省道路运输事务中心运维单位沟通，初步判定无法满足道路运输事务中心的需求。但在此阶段，广东省交通运输厅一体化数字平台数据治理单位正在处理其他紧急开发任务，包括五一专栏、视频专栏等，导致未能及时跟进省道路运输事务中心的此项共享需求，任务排期延后。

2."外省跨域车辆定位信息"共享进度缓慢

一方面，按照广东省交通运输厅一体化数字平台数据共享流程，截至2023年5月，广东省交通运输厅一体化数字平台数据治理服务单位已完成接口配置和接口文档。另一方面，按照广东省交通运输厅一体化数字平台用数申请的要求，用数方（广东省公安厅交通管理局）需要提供用数安全评估所需的材料，具体包括系统等保测评报告、数据安全保密承诺书等。

7.2.3　外省货运车辆数据接入与共享的对策分析

1. 提升数据满足度，发挥数据价值

一方面，政府部门应与使用方保持密切沟通，深入了解其具体的数据需求和应用场景，包括对数据类型、格式、频率等方面的详细了解，以便提供更精准和有效的数据支持，加深对使用方业务应用及需求的了解。另一方面，为了提高数据的可访问性和使用效率，政府可建立厅级一体化数字平台的共享数据资源目录清单，包括可共享的数据资源、数据格式、访问条件等信息，并面向厅内外单位公开。这样一来，相关单位可以根据自身业务需求直接申请所需要的数据，最大限度地发挥数据的应用价值。

2. 完善用数安全评估和数字平台技术架构

在确保数据安全的前提下，政府部门可以根据前期数据共享案例，简化用数安全评估的流程。采用标准化的安全评估模板，提高评估的效率和一致性，同时降低对使用方的操作负担。针对存在安全隐患的情况，建立定期检查和跟进机制，及时提醒和推动使用方对安全问题进行整改。通过持续的监督和支持，有效降低数据安全风险，保障数据共享的稳定性和安全性。此外，对厅级一体化数字平台，特别是对外采集板块，应进行技术架构的优化。例如，增加第三方接口注册功能，简化数据采集接入流程，提高数据采集接入工作的效率和可操作性。

3. 优化共享流程，提升跟进效率

政府应结合实际的数据接入和共享案例，不断优化流程和流程中的各项操作。例如，简化申请流程、优化数据审核机制、加快数据许可审批速度等，以提高整体流程的效率和响应速度。建立及时的沟通和反馈机制，与使用方分享数据接入和共享的进展情况，及时解决可能存在的问题，以提升使用方对整个数据申请流程的满意度和信任度。

▶▶ 7.3 交通运输局数据共享

政务数据开放共享是加快建设数字政府、提升数字治理能力的关键举措，对引领驱动数字经济发展、加快转变政府职能，以及推进国家治理体系和治理能力现代化意义重大。当前，广东省交通运输厅政务数据共享工作也在有条不紊地开展，截至 2023 年 5 月底，共受理厅内外单位提出的用数申请 45 个，已完成数据共享需求 33 个。本节旨在分析广东省交通运输厅一体化数字平台对 M 市交通运输局（以下简称"M 局"）数据共享情况，以总结数据共享的应用成效，分析数据共享过程的问题，并提出相应的建议，希望为后续数据共享任务提供借鉴及支撑，助力政务数据共享工作的顺利开展。

7.3.1 交通运输局数据共享的背景及成效

截至 2023 年 5 月底，M 市交通运输局数据共享工作阶段完成，本次 M 局所需数据资源共 50 项，结合广东省交通运输厅一体化数字平台实际可共享的数据资源，已完成 19 项数据资源共享，共提供 25 个服务接口（其中，21 个为非实时数据接口、4 个为实时数据接口），已共享数据有效支撑了 M 市交通运输局"两客一危一重"营运车辆主动安全防控平台及 M 市综合交通运行监测和应急指挥中心的建设工作，在业务、技术和管理等方面取得了一定的进展。

1. M 市交通运输局数据共享的背景

（1）业务方面

数据满足情况：本次 M 局数据共享工作，提供了农村公路管理、港口管理、道路从业人员、道路运政管理、"两客一危一重"、运营车辆定位、危货道路运输等数据，共享数据输出稳定，有效支撑了 M 局业务功能应用。但由于广东省交通运输厅一体化数字平台已有的数据资源覆盖范围有限，部分数据资源受与数源方沟通、技术配合等方面的影响，采集难度较大，短时间内无法提供，后续需要加强与厅内外数源单位的沟通与采集接入，以形成更丰富的数据资源。

数据质量情况：目前已共享数据基本满足 M 局的数据应用，但仍存在部分共享数据质量一般、业务应用无法直接使用的情况。后续需要持续针对广东省交通运输厅一体化数字平台已接入的数据资源，优先开展数据治理工作，提高数据质量，确保共享数据的可用性和准确性，方便厅内外部单位直接使用业务应用。

数据响应情况：目前，经审核可共享的用数需求响应及时，但对于广东省交通运输厅一体化数字平台已有数据资源未涵盖部分的数据申请需求，无法及时与用数方进行沟通，说明数据共享响应存在滞后性问题。后续需要增设不同阶段对用数方的响应时限，加强与用数方的沟通和协同，使用数方能够清楚共享进程，提高数据共享的响应效率。

（2）技术方面

用数安全情况：从身份鉴别、访问控制等 14 个方面对用数方开展用数安全评估，其中，8 项满足，6 项不满足，评估分数为 60 分，以评促改，有利于增强用数方的数据安全意识。虽然用数安全评估及格，但仍存在不满足的评分事项，存在一定的用数安全隐患。后续需要定期开展用数安全评估复核，以增强用数方的安全意识。

接口安全情况：在本次共享过程中，对广东省交通运输厅一体化数字平台对外共享接口进行渗透测试，共发现了 8 个漏洞。目前，漏洞已全部完成修复，有效保障了对外共享接口的安全。

接口稳定情况：目前在共享的过程中，对广东省交通运输厅一体化数字平台对外共享接口进行了安全评估，并及时处理了发现的问题，但对于事后接口是否能够持续稳定共享输出，目前缺乏主动预警功能及应急措施，缺少接口的稳定性保障。后续需要定期检查和评估数据共享接口，保障接口安全可靠、共享数据稳定输出，有效支撑用数方的业务应用。

（3）管理方面

用数申请规范情况：M局通过两份函件进行用数请示，渠道合规。但在用数申请表填写方面，数据需求申请的每项数据资源，其对应的业务需求描述不完整，不利于判断业务数据提供的必要性。建议后续可以从业务目的、应用场景等维度完善数据申请的业务需求。

共享流程合规情况：M局数据共享实施工作根据"广东省交通运输厅一体化数字平台数据共享流程图"执行。但数据共享实施过程主要通过微信群、腾讯会议、电话等方式进行沟通协调，数据共享流程的相关环节涉及多方协同、文档审核及归档，存在信息同步不及时、过程留痕不规范等问题。建议后续以线上信息化的方式规范数据共享的实施流程，流程相关方通过线上功能有序开展数据共享工作。

共享流程优化情况：在具体的数据共享实施工作中，不断验证共享流程各环节的合理性和可执行情况，不断调整优化各环节动作细节，完善数据共享机制。在数据需求申请之前，建议用数需求方与相关数源方确认是否可以满足数据的共享条件，预先得到数源方的支持，以保障共享过程的流畅性。

用数责任落实情况：根据"谁申请，谁负责；谁使用，谁负责"的原则，用数方承担数据使用过程的安全责任，安全合规使用数据，建议通过安全培训、责任宣贯等方式，加强用数方责任意识，保障数据安全。

2. M市交通运输局数据共享的成效

（1）业务成效

本次M局数据共享工作，涵盖多个领域的数据资源，包括农村公路管理数据、港口管理数据、道路从业人员数据、道路运政管理数据、"两客一危一重"数据、运营车辆定位数据、危货道路运输数据等，共享数据输出稳定，有效支撑了 M 局的业务应用。以下举例说明共享数据支撑情况。

支撑 M 市综合交通运行监测与应急指挥平台。2022 年，M 局启动"M市综合交通运行监测与应急指挥中心建设项目"，项目涉及 3 个综合应用、9 个行业应用及指挥中心配套建设。目前，已基本完成软件功能开发及硬件配置设施建设，正在完善落实内外部数据对接工作。本次 M 局数据共享工作有效地支撑其功能实现，支撑板块包括公共交通、货物运输、枢纽运输、交通设施等领域。M 市综合交通运行监测与应急指挥平台如图 7–14所示。

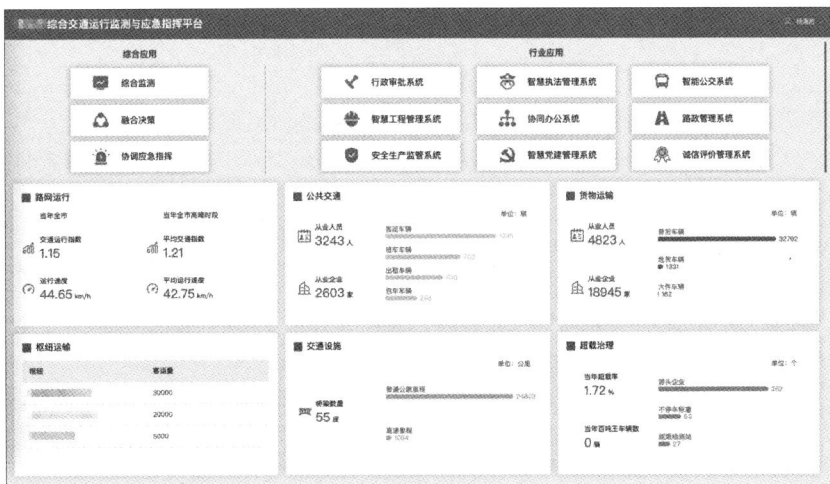

图 7-14　M 市综合交通运行监测与应急指挥平台

支撑 M 市智能执法管理系统。本次 M 局数据共享工作，支撑 M 市智能执法管理系统实现省内外运营车辆 GPS 轨迹查询功能。

支撑道路运政业户信息管理。本次 M 局数据共享工作，支撑 M 市道路运政管理，实现道路运政业户信息查询功能。M 市道路运政业户信息查询如

图 7-15 所示。

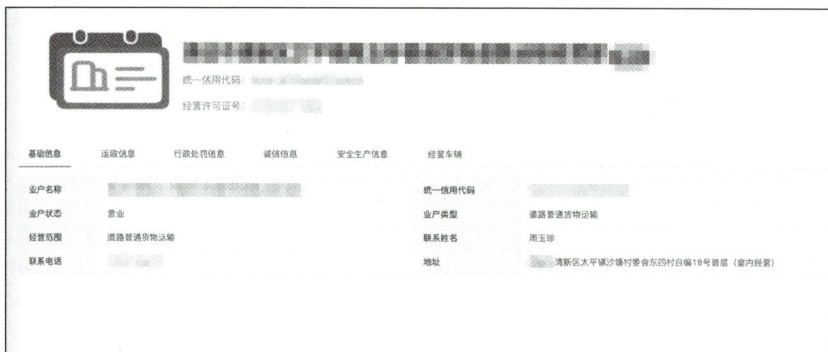

图 7-15　M 市道路运政业户信息查询

支撑"两客一危一重"运营车辆信息管理。本次 M 局数据共享工作，支撑"两客一危一重"运营车辆管理，实现"两客一危一重"运营车辆信息查询功能。M 市"两客一危一重"运营车辆信息查询如图 7-16 所示。

图 7-16　M 市"两客一危一重"运营车辆信息查询

（2）技术成效

开展用数安全评估，增强用数安全意识。本次共享过程对用数方（M 局）开展用数安全评估，主要从安全管理组织和制度、人员安全管理、身份鉴别、访问控制、入侵防范、数据完整性、数据备份和恢复、安全审计、数据防泄露、数据存储、数据销毁、数据脱敏、基础网络安全要求、应急响应共 14 个方面进行评估，通过以评促改，有效增强了供数方和用数方的数据安全意识。

开展接口安全检查，保障对外共享安全。本次共享过程，对广东省交通运输厅一体化数字平台对外共享接口进行渗透测试，共发现 8 个漏洞，其中，高危漏洞 2 个，中危漏洞 1 个，低危漏洞 5 个。数据共享安全漏洞情况如图 7-17 所示，目前漏洞已被全部修复。

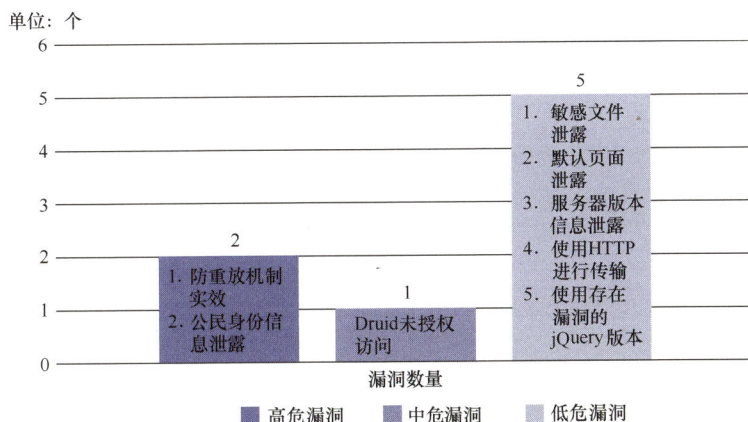

图 7-17　数据共享安全漏洞情况

（3）管理成效

优化数据共享流程，完善数据共享机制。M 局数据共享实施工作根据"广东省交通运输厅一体化数字平台数据共享流程"（如图 7-18 所示）执行。工作流程涉及用数方（M 局）、数源方（厅相关业务处室）、数据管理方（厅科技处）、一体化数据平台数据治理服务单位、一体化数据平台建设（运维）服务单位、一体化数据平台数据安全服务单位、一体化数据平台数据监管服务单位等多方协同。在具体的实施工作中，不断验证共享流程各环节的合理性及可执行情况，不断调整优化各环节的动作细节，完善数据共享机制。

123

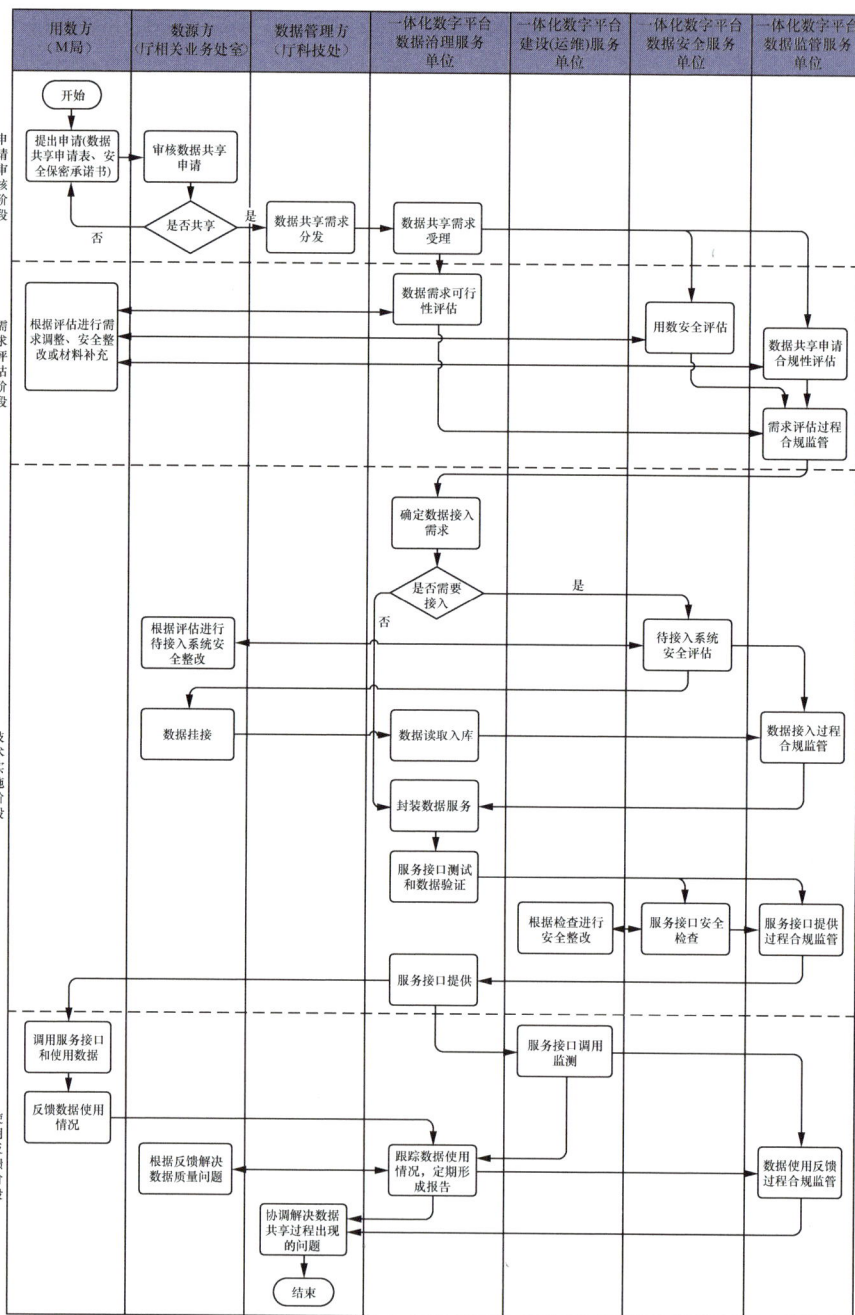

图 7-18　广东省交通运输厅一体化数字平台数据共享流程

7.3.2　交通运输局数据共享的问题及原因分析

1. 业务维度

广东省交通运输厅一体化数字平台数据资源覆盖范围有限，共享需求满足率不高。目前，若所提数据申请需求未在已有的数据资源内，需要与广东省交通运输厅内外数源方沟通，进行采集接入，才能提供给用数方。本次用数方（M 局）所需数据资源共 50 项。

部分共享数据质量一般，业务应用无法直接使用。目前，已共享的数据基本满足 M 局数据应用，但部分数据质量尚待优化，例如，已共享数据中数据项"车辆类型"缺少数据治理，"车辆类型"全部为中文，缺少行业编号，且命名不统一，M 局无法直接进行业务应用。

流程机制存在缺陷，数据共享响应不及时。用数方（M 局）所提的需求申请数据中，有超出广东省交通运输厅一体化数字平台已有数据资源范围的、需要进行采集接入的数据，对于这类数据未能及时与用数方进行沟通，说明数据共享效率不高，数据共享情况响应滞后

2. 技术维度

部分用数安全评估事项不满足要求，存在一定的安全隐患。在共享过程中对用数方（M 局）开展 14 个方面的用数安全评估，其中，8 项满足要求，6 项不满足要求，评估分数为 60 分。虽然用数安全评估及格，但仍然存在不满足要求的评分事项，具体体现在安全管理组织和制度、人员安全管理、加密存储、数据销毁、数据脱敏、应急响应方面缺乏相关证明材料，存在一定的用数安全隐患问题。

共享接口缺乏主动预警机制，影响后续接口问题处置及时性。目前在共享过程中，对广东省交通运输厅一体化数字平台对外共享接口进行安全评估，

并及时处理发现的问题，但对于事后接口是否能够持续稳定地共享输出，目前缺乏主动预警功能及应急措施，缺少接口的稳定性保障。

3. 管理维度

数据申请需求描述不完整，无法判断数据提供是否必要。在用数申请表填写方面，用数方数据需求申请的每项数据资源，对应的业务需求描述不完整，不利于判断业务数据提供的必要性。

缺少信息化手段支撑，数据共享流程合规性存在不足。M局数据共享实施过程主要通过微信群、腾讯会议、电话等方式进行沟通协调，数据共享流程的相关环节涉及多方协同、文档审核及归档，存在信息同步不及时、过程留痕不规范等问题。

7.3.3 交通运输局数据共享的对策分析

1. 业务维度

加快数据资源采集，满足用数需求。目前，广东省交通运输厅一体化数字平台已有的数据资源覆盖范围有限，已有的数据资源不能与用数方的需求较好地契合，需要加强与厅内外数源单位的沟通与采集接入，形成更丰富的数据资源，提高数据共享响应效率，从而更好地助力用数方的业务应用。

做好数据治理工作，提高对外共享数据质量。持续开展数据治理工作，对广东省交通运输厅一体化数字平台已接入的数据资源进行持续改进。通过提升数据质量，确保共享数据的可用性和准确性，便于内外部单位直接调用和应用。

充分评估用数申请难度，明确数据共享响应时间。根据数据共享实施流程，增设不同阶段对用数方的响应时限，以便在不同阶段加强与用数方的沟通协同，使用数方能清晰地了解共享进程，提高数据共享响应效率。

2. 技术维度

定期开展用数安全评估复核，增强安全意识。对于已经通过用数安全评估的用数方，若在部分安全评估事项上缺乏相关证明材料，需要与用数方加强沟通，定期复核。

定期检查共享接口稳定性，保障共享数据稳定输出。定期对数据共享的接口进行检查和评估，保障接口安全可靠、共享数据稳定输出，有效支撑用数方的业务应用。

3. 管理维度

明确数据需求申请的业务需求描述。目前，在用数申请表填写方面，用数方对于数据需求申请的每项数据资源对应的业务需求并未完整描述，业务的必要性判断依据较少。建议从业务的目的、应用场景等维度完善数据申请的业务需求。

建设数据共享工作管理模块功能。消除线下协同开展工作信息流转不及时、过程留痕不明显的弊端，应建设数据共享工作管理模块功能。通过线上信息化的方式规范数据共享实施工作流程，实现流程相关方通过线上功能有序开展数据共享工作，提升工作效率和流程可控性。

加强用数需求方与数源方沟通协同力度。在申请数据需求之前，建议用数需求方与相关数源方确认是否可以满足数据的共享条件，预先得到数源方的支持，以保障实施单位在开展数据接入采集过程的顺畅性。

加强数据共享实施总结，优化数据共享流程，完善数据共享机制。数据共享实施工作涉及多方协同，对于已实施的数据共享工作，应进行综合分析和总结。评估流程各环节的合理性和可执行情况，并不断优化和调整数据共享流程，完善数据共享机制，以提高数据共享的效率和质量，进一步优化数据管理。

加强用数责任意识，提高数据安全保护。根据"谁申请，谁负责；谁使用，谁负责"的原则，用数方承担数据使用过程的安全责任。建议在数据共享工作中，加强数据安全与隐私保护培训。例如，组织专门的培训课程，向用数方的相关人员传授数据安全的基本知识、最佳实践和操作规范。通过增强安全意识，用数方能更好地理解数据安全的重要性，积极采取相应的安全措施，保护共享数据的机密性和完整性。

通过小屏"数说交通"专栏、外省货运车辆数据接入与共享、M 市交通运输局数据共享 3 个具体案例，我们总结发现，在当前政务数据监管实践中，主要采用人工与部分辅助工作相结合的模式，不断探索如何从业务、技术和管理 3 个维度更好地开展监管工作。这种模式在一定程度上提升了数据监管的效率和准确性，但要真正实现主动监管，仍然面临诸多挑战。在政务数据监管典型案例方面，现阶段的监管动作多集中于事后审查和反应性措施，即在数据泄露或滥用事件发生后进行处理和处罚。这种方式缺乏预防性和主动性，难以有效地防止问题的发生。同时，监管者在面对技术快速发展和数据应用场景多样化时，需要更加灵活和高效的监管手段，以应对复杂的监管需求。然而，要走向主动监管，需要在未来进一步深化数据监管的科学性和有效性。首先，可以通过技术手段加强数据安全防护和监控，实现对数据的实时监测和预警，尽早发现潜在风险并采取预防措施。其次，业务层面的监管需求也要求监管部门与各行业深入合作，理解行业特性和数据使用场景，制定有针对性的监管政策和标准。最后，管理层面需要建立更加开放和透明的监管机制，加强监管部门的能力建设和人才培养，提升监管的专业性和效率，推动监管从被动应对到主动预防的转变。科学、有效的监管措施能更好地保障公共数据安全和合法使用，实现数据监管工作的持续改进和发展。

08

第 8 章

政务数据监管
的挑战与对策

▶▷ 8.1　当前政务数据监管面临的主要挑战

8.1.1　软件开发建设存在的问题

1. 需求理解及设计合规性待完善

一是需求完整性不够。 需求规格说明书不够完整，部分功能点缺乏详细充分的描述，例如假定和约束章节内容过于简略。

在软件开发项目中，需求完整性是确保系统功能准确性和提升用户满意度的关键因素之一。然而，在当前政务数据监管系统开发中，存在着需求规格说明书不足的问题，特别是在功能点描述方面缺乏详细和充分的内容。需求规格说明书是软件开发过程中对系统功能和性能的详细描述，它应该覆盖所有可能使用的情景和限制条件，确保开发团队对系统的理解是一致和全面的。具体来说，假定和约束章节作为需求规格说明书的重要组成部分，却常常呈现出内容过于简略的情况。这种情况可能导致开发团队在实际设计和实施过程中遇到理解偏差或者功能不完备的问题。举例来说，如果假定和约束条件没有详细说明数据处理的时效性要求或者安全性需求，开发团队可能会基于不完整的信息而设计出不符合实际需求的系统。

二是设计与需求一致性不足。 概要设计部分内容与需求规格说明书不一致，例如，概要设计缺乏需求规格说明书中的系统服务用户章节。

在政务数据监管系统的开发过程中，设计与需求的一致性是保证系统功能完整性和质量的关键环节。然而，目前存在着概要设计部分内容与需求规格说明书不一致的问题，这可能导致系统设计过程中的功能漏洞和执行偏差。

需求规格说明书作为系统开发的基础文档，应清晰地描述系统的各项功能和服务。然而，概要设计阶段的内容常常未能充分反映需求规格说明书中详细描述的系统服务用户章节。这种不一致性可能导致设计团队在实施过程中按照错误的假设或者部分理解进行设计，最终导致系统功能与用户需求不符或者存在明显的缺陷。例如，需求规格说明书中明确要求系统提供特定的数据检索和分析功能，但是概要设计未能完全反映这些功能的详细实现方式或者数据处理流程，那么开发团队可能会设计出无法满足用户需求的系统模块。

三是设计完整性不全。概要设计与一期建设内容衔接关系有待明确、一体化数字平台在广东省交通运输厅整体信息化架构中的位置有待明确、部分建设规划安排有待明确（例如数据分析类应用）等。

在政务数据监管系统的建设过程中，设计的完整性对于确保系统功能的全面性和可持续性是至关重要的。然而，当前存在的问题包括概要设计与一期建设内容的衔接不清晰、广东省交通运输厅一体化数字平台在整体信息化架构中位置未明确等情况，这些都可能影响系统的整体架构和功能实现的一致性。缺乏清晰的位置定义可能导致后续系统运行时的冲突和混乱，影响系统的整体稳定性和效率。此外，特定类别应用（例如数据分析类应用）的建设规划缺乏明确的规划，将在后续开发过程中阻碍系统模块的开发和集成。

2. 版本发布与代码提交的规范性待提升

在政务数据监管领域，版本发布与代码提交的规范性是确保数字平台稳定性和安全性的关键环节。依据广东省交通运输厅一体化数字平台版本发布工作相关指引，一体化数字平台版本发布工作应落实好版本发布计划制订、代码提交、版本发布申请联合审查、版本总结与归档等工作。当前大部分平台建设单位已规范版本号管理工作，但部分版本发布与代码提交工作整体规范性仍有待提升，未按指引要求落实整改。

　　一是制订版本发布计划是确保数字平台持续运行的基础。良好的版本发布计划不仅包括确定发布的时间和内容，还需要考虑风险评估、备份方案和紧急修复措施等，以应对可能出现的问题。然而，在实际操作中，可能因缺乏全面的计划而发布未经充分准备的版本，从而加大了系统稳定性和数据安全性等风险。

　　二是代码提交的规范性直接影响版本的稳定性和质量。良好的代码提交实践包括代码审查、测试覆盖率、代码注释和文档更新等环节，这些步骤有助于降低潜在的问题数量和维护成本。在实际情况中，有时可能时间紧迫或沟通不畅而忽视了这些关键步骤，导致提交的代码质量参差不齐，隐藏了潜在的系统漏洞和运行问题。

　　三是版本发布申请联合审查和版本总结与归档能够确保版本管理完整性和可追溯性。有效的审查机制能够及时发现并修复潜在的问题，同时记录每一次发布的详细信息，便于日后的回溯和分析。有时可能因为审查流程不畅或信息不透明影响了审查的效果和结果的准确性，这也反映了规范性管理的力度不足。

3. 紧急开发任务管理要求缺失

　　在政务数据监管中，紧急开发任务管理至关重要。广东省交通运输厅一体化数字平台作为支持政务信息化的关键基础设施，经常需要应对突发事件或处理紧急需求，因此如何有效管理和规范紧急开发任务，直接影响到平台的稳定性和服务质量。

　　一方面，缺乏适用于紧急开发任务的标准开发过程管理机制意味着在面对紧急情况时，开发团队可能会面临缺乏明确指导和流程的困境。标准化的开发过程管理机制应当包括但不限于需求分析、设计评审、开发实施、测试验证和上线部署等环节，以确保每一个紧急开发任务都经过充分的规划和实施，最大限度地减少后续问题。

另一方面，合规性风险是当前缺乏标准管理机制的一个主要隐患。政务数据平台作为承载重要数据和服务的平台，必须符合各种安全、隐私和法律法规的要求。没有明确的开发过程管理机制，可能导致开发过程中的合规性问题，例如，数据安全性的威胁、隐私保护的不足或者法律责任的风险增加等。这不仅对平台的运行稳定性构成威胁，还可能引发用户和政府部门的信任危机。

4. 与数据治理服务单位的协同力度有待提升

在政务数据监管领域，数据治理服务单位与平台建设服务单位之间的协同力度是至关重要的，直接影响数据共享工作是否能够顺利实施并实现实施效果的最大化。截至 2023 年 5 月底，数据治理服务单位在推动数据共享平台功能优化方面提出了一系列建议，其中一部分尚未得到充分的解决。具体而言，共有 136 条关于平台功能优化的建议被提出，这些建议反馈的及时性和解决效率是提升当前服务的关键点。

数据治理服务单位提出的 136 条建议中，已经有 108 条被确认为确实需要解决的问题或应该满足用户的需求。尽管解决了 64 条，解决率达到 59%，但依然有 28 条建议被平台建设服务单位拒绝或未能得到充分解决。这表明在问题响应速度和处理效率方面仍有待提高，需要采取更加有效的措施和策略来加快问题的整改进度。

5. 部分建设工作待改进

在当前政务数据监管的实施中，"数说交通"专栏作为重要的信息展示和数据分析平台发挥着关键作用。然而，截至目前，该专栏在多个关键方面仍面临着一些待解决的问题和改进的挑战。这些问题直接影响了用户的体验质量和平台功能的全面性，需要平台建设服务单位采取有效的措施进行改进。

首先，就用户体验而言，"数说交通"专栏尚未完全满足用户的预期需求。用户可能期望在使用过程中能够快速、准确地获取所需信息，而目前平台在信息检索和呈现效率上仍有一定的上升空间。例如，用户可能面临信息检索不精确、界面操作复杂等问题，这些都影响了用户对平台的整体满意度和使用频率。其次，数据呈现方面的问题也很突出。尽管平台提供了大量的数据资源，但如何将这些数据以直观、易理解的方式呈现给用户，仍然是一个值得优化的课题。这可能涉及数据可视化技术的进一步改进，确保数据图表的清晰度和可解释性，以便用户能够快速理解和分析数据背后的意义和趋势。最后，集成协同和安全稳定性是另外两个需要重点关注的方面。在政务数据监管中，不仅要确保平台内部各模块之间的协同工作顺畅，还要保障数据的安全性和系统的稳定性。当前，"数说交通"专栏在三屏联动接入工作全流程机制的建立方面也面临挑战，这直接影响了平台整体的操作效率和可靠性。

6. 工作协同效率低

在政务数据监管的背景下，工作协同效率低是一个突出的问题。当前的对接机制存在一些明显的不足，这不仅影响沟通效率，还可能导致信息传递时延、事务跟进困难等问题。一方面，对外组织协同响应的低效率主要体现在沟通不畅和信息传递不及时。政务数据平台的建设涉及多个部门和单位的协同合作，但由于缺乏有效的沟通渠道和协作工具，信息无法及时分享和交流，进而影响到项目进度的推进和问题的解决。另一方面，专人专事的对接机制不完善也是造成效率低下的主要原因之一。在协同工作中，如果没有明确的责任人和职能分工，可能会重复执行或者遗漏工作任务，从而增加了协作的成本和复杂度，降低了工作的整体效率和质量。

8.1.2 数据治理服务存在的问题

1. 流程参与方不足

在政务数据监管中，一个问题是流程参与方不足，特别是在广东省交通运输厅一体化数字平台数据共享流程中。当前的数据共享流程设计并未充分考虑各级单位的参与，存在明显的规划缺失。具体而言，当前的数字平台数据共享流程功能仅包括厅内、厅外和地级市，却忽略了厅直属单位所扮演的角色和需求。厅直属单位作为政务数据管理的重要角色，直接受厅级部门的管理和指导，负责执行和落实各项政策及规定。然而，由于当前数字平台的设计限制，这些单位在数据共享流程中面临着严重的参与障碍。缺乏专门为厅直属单位定制的数据共享功能意味着信息传递和协作效率可能会大打折扣，从而影响整个数据治理服务的有效性和效率。

2. 标准规范进度推进较慢

政务数据监管中另一个问题是数据标准规范的推进速度缓慢。在数字时代，数据的标准化和规范化对于确保数据安全性、互操作性和长期可维护性是至关重要的。然而，当前在编制和审核关键数据标准规范方面存在明显的滞后现象，这直接影响广东省交通运输厅一体化数字平台数据共享管理规范的实施和效果。具体来说，涉及数据采集与数据接入相关安全规范、数据资源目录相关管理规范和前述的管理规范，这些标准规范的编制和审核进度远未达到预期的高效率水平。

8.1.3　数据安全服务存在的问题

1. 深化设计待完善

深化设计在政务数据安全服务中的重要性不言而喻。当前存在的一个主要问题是，深化设计内容的完善与迭代优化尚未达到理想的状态。深化设计的缺陷可能源自需求分析不足、技术选型不当或是在实施过程中未预见的问题。一方面，深化设计的不合理之处可能出现在需求分析阶段。政务数据监管的复杂性决定了系统设计必须充分考虑多方的需求和潜在风险。然而，如果在需求收集和分析过程中出现偏差或遗漏，可能导致后续设计不完善。另一方面，技术选型也是深化设计不完善的一个重要原因。随着信息技术的迅速发展，政务数据监管需要采用先进的技术手段来保障数据安全性和工作效率。然而，如果在技术选型阶段未能全面评估各项技术的适用性和稳定性，后续系统在实施时会出现技术瓶颈或兼容性问题。此外，实施过程中的未预见问题也是深化设计不完善的常见原因。政务数据监管系统的实施往往面临复杂的政策法规、技术标准和实际操作的挑战。如果在实施的过程中未能及时响应和解决出现的问题，可能会导致设计的局部或整体效果不佳。

安全工具的部署缺乏可量化的参数也是当前面临的挑战之一。当前，安全工具部署缺乏清晰的可量化、可监管的策略配置参数说明及可验收指标。这导致在实际操作中难以对安全措施的有效性进行全面评估和监控。因此，在部署安全工具之前，需要制定详细的策略配置参数，并确保这些参数能够被利益相关者理解和接受。这些参数包括安全控制的具体实施方式、监测方法、事件响应流程和安全性能的度量标准。此外，还应明确可验收的指标和评估方法，以便在部署后及时评估和调整安全措施的有效性。

2. 用数安全评估体系不完善

在政务数据管理的过程中，用数安全评估体系的不完善可能导致数据共享安全和工作进度的受阻。这一体系的设计和实施直接影响着政务数据在不同单位和部门间的安全共享和合作。然而，由于前期评估指标的缺失或不合理，整个评估体系难以有效运作，从而影响了政务数据的安全性和共享效率。

具体而言，一是用数安全评估指标的制定过程中常常缺乏对内外部单位实际情况的充分考量。政务数据管理涉及多个层级和部门，每个单位的网络安全和数据管理情况各有特点。如果评估指标未能结合各单位的实际情况进行细化和量化，可能会导致评估结果不准确或无法全面反映实际风险。二是评估体系缺乏统一的评估标准和量化指标。政务数据安全的评估需要建立明确的量化指标和评估标准，以便能够客观、科学地评估各项安全措施的有效性。然而，实践中往往面临标准不统一、指标不清晰的情况，从而使评估结果的可比性和实用性受到影响。三是评估体系的不完善阻碍了数据共享工作的进展。政务数据共享需要在保证安全的前提下进行，而不完善的评估体系可能会无法及时识别和解决数据共享方面的安全风险，从而影响项目的推进和成效。

3. 工作台账不清晰

在政务数据安全服务的实施过程中，工作进度台账的不清晰问题显得尤为突出，这不仅影响了项目的执行效率，还可能导致任务执行的混乱和信息的不一致性。具体表现为工作任务的状态更新不及时和部分工作内容名称存在歧义。其中，工作进度台账的不及时更新可能源于多种原因。在政府数据安全服务的复杂环境中，常常涉及多个部门和各种利益相关者，因此，有效的沟通和协调显得尤为重要。如果相关责任人没有及时更新工作进度，会导致整个项目管理的不透明和进度的不可预见。在这种情况下，决策者和项目管理人员很难准确评估项目的进展情况，进而影响项目整体的时间进度和资源分配。此外，工作内容名称的不一致可能会带来更严重的后果。特别是在涉及制度规范和安全措施命名时，如果不同人员对同一项内容有不同的命名标准或者使用了相似但不完全一致的术语，很容易导致理解上的混淆和执行上的错误。这不仅仅是语义层面的问题，更关乎制度执行的一致性和合规性。

4. 工作进展缓慢

在政务数据安全服务项目中，工作进展缓慢是一个显著的问题，尤其是在制度规范成果物的交付方面。尽管项目合同明确规定了 17 份制度规范成果物，但至今仍未有正式发布的数量。这种情况可能会影响项目的进度和目标的实现，同时也可能降低政府部门和公众对项目的信任度。一方面，在政府项目管理中，常见的挑战包括资源不足、技术限制、政策变更，以及组织和流程的复杂性等。特别是在需要跨部门协调和严格合规的数据安全服务领域，这些挑战可能会更加突出。这些因素都可能导致工作进展缓慢。另一方面，对于制度规范成果物交付的及时性和交付质量是至关重要的。这些成果物不仅仅是文件或规章，更是保障政府数据安全性和合规性的重要依据。例如，规范的发布可以为政府部门和相关机构提供明确的指导和操作标准，有助于降低数据泄露和安全事件发生的风险。

5. 云资源申请不及时

在现代政务数据管理中，云计算技术被广泛应用，以提升数据存储、处理和安全性能。然而，尽管其带来了诸多优势，例如弹性扩展和成本效益，但也暴露了一些关键性的挑战。其中，云资源申请不及时问题在政务数据安全服务中尤为突出。云资源不足的情况可能是由多种因素引起的。一方面，政府部门或机构在初期设计和规划阶段，可能未能准确预测数据存储需求的增长趋势，导致资源配置不足。另一方面，由于云计算资源的申请和配置通常需要遵循一定的流程和审批步骤，可能存在申请不及时造成的延迟。特别是在部署或更新大规模系统时，政府单位可能面临资源紧张和分配不均的挑战，这对系统的正常运行和数据的长期保存构成了直接威胁。

▶▷ 8.2 应对挑战的策略与建议

8.2.1 优化软件开发建设

1. 尽快完善广东省交通运输厅一体化数字平台的深化设计

尽快完善广东省交通运输厅一体化数字平台的深化设计，需要综合考虑多方面因素。这不仅涉及技术层面的优化，更需要在战略规划和长远发展目标上做出精准的分析与决策。

一方面，需要持续完善广东省交通运输厅一体化数字平台的深化设计。这需要重点思考"数字交通运输厅"的中长期规划、一体化数字平台的中长期规划，以及一体化数字平台二期建设规划之间的衔接和过渡关系。在这个过程中，必须深入分析平台背景及现状、详细分析需求、建设目标和整体内容的对应关系，这些内容是确保平台建设顺利推进的关键因素。另一方面，为了实现平台的行业支撑能力和公共支撑能力，需要进一步完善平台后期的运行保障设计。这包括但不限于设计规范化的运维流程、紧密结合需求规格说明书完善概要设计，以及持续提升合规性与文档质量。这些步骤不仅是为了确保项目的技术实施，更是为了保障整体系统的可靠性、稳定性和安全性。与此同时，在优化广东省交通运输厅一体化数字平台的过程中，还需要关注用户体验和功能扩展。通过与用户的紧密互动，收集反馈信息并及时做出调整，以确保平台在满足用户需求的同时保持高效运行。此外，从技术角度来看，优化软件开发建设需要采用先进的开发方法和工具，以及应用最佳实践方法和最新的技术解决方案，以此来增强平台的功能和性能，确保平台建设达到预期目标，为相关服务单位提供稳定、高效和持续进化的数字化解决方案，为用户提供更优质的服务体验。

2. 强化平台管理机制的建立与落实

强化平台管理机制的建立与落实，是政务数据监管领域中的一项重要举措。这方面的工作不仅关乎信息化平台的稳定运行，还直接影响数据安全、政务服务效率和决策的科学性与准确性。

定期评估现有平台建章立制的情况是保障平台健康运行的基础。通过定期评估，可以全面了解平台的运行和使用反馈情况，及时发现并解决存在的问题及漏洞，确保平台的稳定性和安全性。这种查缺补漏的工作包括技术层面的工作，还涉及管理层面的规范制定和执行，例如明确代码提交、专项任务开发等事项的管理要求，加速相关指引、手册、规范的编制和更新，以适应技术和管理的快速发展，不断优化平台管理保障体系的完整性和有效性。

针对已经建立的管理机制，例如版本发布工作指引、需求落实协同工作指引等，应当严格依照相关要求落实，并在实践中持续改进和完善。这需要在日常运维和管理过程中，结合实际工作经验和用户反馈，及时调整和更新管理机制，确保其与实际工作高度契合度。通过这种方式，不仅可以提升平台建设、运维和管理的质量，还能有效确保其合规性，即使在复杂多变的政务环境中，也能保持系统的稳定性和可靠性。

在实施过程中，还需要重视人员培训和技术支持的配套措施。为了确保管理机制的有效落实，相关工作人员需要具备充足的技术和管理能力，能够熟练操作和管理相应的平台和工具。此外，相关工作人员还应加强对新技术和安全标准的学习和应用，根据行业的最新发展和实践情况，进一步提升平台运营的质量和效率。

3. 完善"数说交通"专栏相关规范管理机制，做好培训宣贯与技术支撑

政务数据监管在数字时代扮演着关键角色，特别是在数据驱动的政策制定和治理过程中。为了有效实现政务数据的收集、分析和监管，需要优化软件的开发与建设，例如应完善"数说交通"专栏相关规范的管理机制。

完善 UI 设计规范和标准，强化 UI 培训与审核落实。一方面，UI 设计的规范化是确保软件界面的视觉统一性和用户体验的关键。在"数说交通"专栏中，应制定详细的 UI 设计规范和标准，涵盖颜色、字体、图标、布局等方面的具体要求。这些规范不仅有助于提升用户的使用感，还能减少在开发过程中设计不一致导致的沟通问题和重复性工作。另一方面，规范的制定必须伴随着有效的培训和审核机制。定期开展 UI 培训可以确保开发团队掌握

最新的设计规范和工具使用方法，从而提高设计的质量和效率。同时，审核不应仅限于形式化的检查，还需要注重设计方案的实际应用效果和用户反馈。通过建立严格的审核流程，及时发现和纠正潜在的设计问题，以确保最终产品符合预期的视觉标准和功能标准。

制定数据可视化规范，统一图表风格和数据标签展示。一方面，应制定统一的数据可视化规范，涵盖图表类型的选择、颜色使用、数据标签的展示方式等方面，以确保数据呈现的一致性和易于比较性，帮助用户快速地理解数据背后的含义，避免对信息造成误解。另一方面，在"数说交通"专栏中，应建立统一的图表模板库和数据标签样式指南。模板库和指南不仅可以提高数据图表的视觉吸引力，还能确保数据呈现的清晰度和准确性。

设计三屏联动全过程的工作流程机制，明确各方的职责边界和协同管理机制。成功开发软件不仅需要对单一阶段的优化，而且需要全面覆盖从最初的需求分析到后续持续改进的工作流程机制。这不仅需要在需求分析和设计规划阶段确保充分理解用户需求，并制定详细的功能设计和技术架构方案，还需要在 UI 审核和联调测试阶段，进行严格的 UI 设计审核和系统联调测试，确保设计与需求一致并满足用户预期。在部署发布和持续改进阶段，应实施系统的部署和发布计划，并持续改进软件的功能和性能，以适应不断变化的用户需求和技术环境，并通过定期的跨部门协调会议和项目进度报告等，确保团队间的信息流畅和高效协作。

建立三屏联动实时监控和告警机制，完善三屏联动运维保障机制和应急预案。一方面，在软件开发和运维过程中应建立三屏联动的实时监控和告警机制，对异常情况和潜在风险做出及时告警和响应。另一方面，应建立完善三屏联动运维保障机制和应急预案以提高系统应对故障和灾难的能力。这包括制定系统备份和恢复策略、定期检测和修复安全漏洞，以及针对不同紧急情况的详细应急响应计划。通过建立这些机制，可以最大限度地减少系统中断对政务数据监管工作造成的影响，并确保数据的持续可用性和安全性。

4. 加强与数据治理服务单位的工作协同，加快落实需求

在软件开发优化方面，特别是在加强与数据治理服务单位工作协同，加快落实需求这一关键任务中，增加资源投入，提升技术支撑的协同配合，是确保广东省交通运输厅一体化数字平台功能需求得以有效实现的关键步骤。

加大对软件开发建设的资源利用，积极配合数据治理服务单位的相关技术支撑工作。 一方面，在软件开发过程中，资源的投入直接影响项目的进展和质量。针对数据治理服务单位的需求，必须确保在人力、物力和财力等方面进行资源的合理配置。另一方面，配合数据治理服务单位的相关技术支撑工作，需要建立高效的沟通渠道和工作协调机制，以有效地满足数据治理服务单位提出的技术支撑需求，确保各项技术支撑工作能够有条不紊地推进。

推进问题及时解决，发挥广东省交通运输厅一体化数字平台对数据治理工作的底座支撑作用。 根据问题的重要程度和紧迫程度进行优先级判断，以更有效地分配资源和精力，保证关键问题及时得到解决，从而不影响项目整体进度和功能的实现。通过制定详细的问题响应与解决计划，在发生问题时迅速做出反应并采取有效措施，最大限度地减少潜在的技术风险和延误风险。同时，确保广东省交通运输厅一体化数字平台对数据治理工作的底座支撑作用得到充分发挥。确保平台功能的有效落实和实施，为数据治理工作提供稳定可靠的技术支撑和基础，从而实现数据资源利用的最大化和管理效能的提升。

5. 提升工作协同响应能力

在提升工作协同响应能力方面，为实施有效的对策，需要进一步细化平台建设服务单位内部的组织架构与人员分工，并建立与各服务单位之间的有效沟通与协作机制，同时加强组织外部的协同能力。一方面，政务数据监管

平台的开发涉及多个部门和各种专业技能的协同工作。为了确保开发进程能够顺利推进，需要明确每个部门或团队的职责和任务，并建立清晰的沟通渠道和协作流程。例如，可以设立专门的项目管理团队，负责监督和协调不同部门之间的工作，确保各项任务按时完成。另一方面，政务数据监管涉及多个服务单位之间的信息交换和协作。为了有效整合各方资源，需要依托数字化的沟通平台，例如专门的项目管理软件或协同办公平台。这些平台可以帮助各单位实时共享信息、跟踪进度，并进行即时沟通和反馈，从而提高工作效率及响应速度。此外，应加强组织外部的协同能力，政务数据监管通常需要与外部合作伙伴（例如，其他政府机构、行业协会或技术服务提供商等）进行合作。为了确保合作顺畅，可以建立合作框架和标准化的合同流程，以明确各方的责任和义务。此外，定期组织跨机构会议或合作交流活动有助于形成更紧密的合作关系，以此帮助政务数据监管平台更加高效地应对各种挑战，提升服务质量和用户满意度，推动政府数字化转型顺利进行。

8.2.2　完善数据治理服务

1. 通过实践持续完善数据共享流程功能设计

完善数据共享流程功能设计是完善数据治理服务的重要一环。目前一体化数字平台的数据共享流程功能设计正处于试运行阶段。在此阶段，收集来自多方的反馈（例如，政府部门内部的数据使用者、外部合作伙伴和公众参与者），并对收集的问题和建议进行整合分析，从而进一步完善功能设计方案。方案完善不应局限于技术层面的调整，还应包括制度安排、信息安全保障、法律法规遵从等层面。

重视跨部门、跨地区的数据协同管理，注重与各方利益相关者的沟通与合作，是持续推进功能完善的必然要求。一方面，政府各部门和地方间数据共享的复杂性常常导致数据流通受阻或产生"信息孤岛"。通过建立统一的数据交换标准和协议，以及采用先进的数据集成技术，可以有效地实现跨部门数据流畅共享，从而实现政务服务的整合和效率提升。另一方面，政府部门需要注重与各方利益相关者的沟通与合作。定期反馈和专家评估机制可以及时调整和优化数据共享平台的功能设计，以适应不断变化的政务管理需求和技术更新，从而提升政府决策的科学性和精准性，推动实现政府治理的现代化。

2. 推进数据标准规范编制工作进度

数据标准规范编制不仅关乎政府数据管理的科学性和规范性，还直接影响数据共享的效率和安全性。首先，为了有效推进数据标准规范的编制工作，需要充分结合项目要求进行详细规划。通过制定清晰的工作计划和分工安排，优先处理重要工作，可以减少不必要的延误，以提高标准规范编制的效率和质量。其次，为了加快数据标准规范的编制工作进度，需要建立有效的沟通机制和协作平台，避免方向偏差或信息不对称导致的潜在问题；并利用技术工具，加强部门间的即时沟通和信息共享，提升工作效率和成果质量。在工作推进的过程中，坚持群策群力的原则，在制定数据标准规范时，应充分考虑各方的意见和需求，确保标准规范既科学合理又切实可行。此外，为了确保数据标准规范的全面性和一致性，还应建立完善的审核和反馈机制。定期进行标准规范草案的内部审查和外部评估，收集相关部门和利益相关方的反馈意见，并根据实际情况进行必要的修订和调整，确保其在长期运行中能够有效地支持数据管理和共享需求。

8.2.3　推进数据安全服务

1. 及时更新工作状态

在政务数据安全管理的过程中，及时更新工作状态对推进数据安全服务意义重大。要求安全单位确保在其内部管理和外部公布的工作台账中及时更新各项工作状态。这不仅是简单的更新操作，而且体现了安全单位对信息的准确性、透明度和管理效率的多重考量。

首先，及时更新工作状态要求安全单位需要建立一套高效的信息更新机制。这包括确保每一项工作内容的名称和描述在不同部门和监管单位之间保持一致性。这种一致性不仅是名词的统一，更包括工作流程和标准操作的规范化。其次，更新工作状态要求确保信息更新的及时性和准确性。政务数据安全服务中的工作台账是反映安全措施实施情况和效果的重要依据，安全单位需要建立起实时更新和反馈机制，确保工作状态的更新能够及时反映现有工作的最新进展和结果。帮助各级管理部门及时了解项目执行情况，为决策提供准确的数据支持，进而保障政务数据安全管理的稳定性和可信度。此外，安全单位及时更新工作状态还需要执行信息公开和透明度的原则。政务数据监管涉及多方利益，对外公布的工作台账不仅要求更新及时，还需要保证内容的清晰和易读性，以便各方能够快速理解和获取所需信息。

2. 加快云资源申请的速度

加快云资源申请的速度，这不仅是提高效率的问题，更是确保安全措施和合规性要求得到有效实施的关键环节。安全单位部署的"明御数据库审计与风险控制系统"作为一个关键的数据安全管理工具，面临着存储资源不足的问题。具体来说，由于存储资源的限制，系统只能保存 1 天的日志数据，而根据相关标准规范，系统应至少保留 6 个月的日志信息。云存储资源不足不仅影响数据审计的全面性和有效性，也可能违反法律法规对于数据保存期限的要求，这加大了数据泄露和安全漏洞的风险。

面对这一挑战，安全单位需要采取有效的行动以加快云存储资源的申请过程，满足相关标准规范的要求。这不仅需要与云服务提供商紧密合作，评估当前的存储需求和实际使用情况，提出相应的资源扩展需求，还需要重视组织内部各环节的流程和政策的优化，以加速资源的获取和部署。同时，还需要在资源申请的过程中，充分考虑安全性、成本效益和技术适配性等因素，确保所申请的云存储资源能够有效地支持"明御数据库审计与风险控制系统"的运行和扩展。此外，安全单位可以通过与技术供应商和合作伙伴密切合作，获取最新的云存储解决方案和服务，降低资源申请和部署的时间成本，为政务数据安全提供更有力的保障。

8.2.4　完善法律法规体系

政务数据的安全性和合规性离不开健全的法律法规体系。在数字化转型进程中，政府部门需要制定和完善相关法律法规，以确保政务数据的合法性、安全性和有效性。一方面，法律法规应当明确政府机构在数据收集、存储、处理和共享过程中的责任和义务，保护公民隐私权，防止发生数据滥用和泄露。另一方面，法律法规还应强调数据安全和防护措施的具体要求。通过设立和实施符合国际标准的数据保护措施，保证政务数据的完整性和机密性，从而有效应对潜在的数据安全风险。此外，法律法规还应规定政府机构在数据共享和交换中的规范和流程，明确政府部门在数据共享过程中的法律责任和数据管理机制，确保数据共享的合法性和安全性，并建立灵活和适应性强的法律法规框架。应及时调整和完善相关政策，以应对新技术带来的挑战和适应数据安全环境的变化。

8.2.5　加强技术与人才建设

加强技术与人才建设对于提升政务数据监管能力至关重要。随着技术的迅猛发展和数据应用的广泛增加，政府不仅需要采用先进的数据安全技术，还需要大力培养和吸引高素质的专业人才，以应对日益复杂的数据管理和信息安全挑战。这要求政府部门建设一支具备广泛的专业知识和跨学科的综合能力的人才队伍。这些人才不仅需要精通数据管理和信息安全的技术，还需要了解相关的法律法规和标准，使政府能够在复杂的数据环境中做出恰当的决策和应对措施。为了实现这一目标，一方面，政府可以设立涵盖数据管理技术、信息安全策略、数据法律等方面的针对性知识培训课程和项目，以此提升现有人才的技能水平，帮助人员适应新技术并能够应对新挑战。另一方面，政府也可以通过引进具备最新的技术知识和丰富的实战经验的专业人才，来补充现有队伍的不足，提升组织的整体能力。

8.2.6　提升监管效能与透明度

1. 建立健全数据管理体系和数据安全保护机制

一方面，为了确保数据的采集、存储、传输和处理过程的规范化和标准化，政府应建立统一的数据管理体系，这包括制定明确的数据管理政策和标准操作流程，确保数据的一致性和可追溯性。另一方面，面对日益复杂的网络环境和潜在的网络安全威胁，政府应采取有效的措施保护政务数据的安全性，包括加强数据加密技术、建立安全审计制度、实施权限管理和多层次的数据备份策略等。通过引入先进的安全技术和监控系统，政府能够实现对数据的实时监测和预警，从而及时发现和应对潜在的安全风险并迅速做出响应。

2. 实施开放式数据政策和推动数据共享与互联互通

通过建立统一的数据标准和开放的数据接口，实现不同系统间的互联互通，有效避免"数据孤岛"问题，在提升政府决策的整体效率和协同性的同时，应制定和推广开放式数据政策。政府应向公民提供便捷的数据访问渠道

（例如数据开放平台和门户网站），鼓励公民和研究机构利用政府数据进行分析和创新。在这个过程中，政府还应关注数据共享中的隐私保护和合规性问题，在增强政府透明度，促进经济发展和社会进步的同时，还应确保公民数据的安全受到保护。

3. 建立信息公开制度并加强社会监督与参与

政府部门在积极推动信息公开制度的建立和完善，依法及时公开与公民权益密切相关的政务数据和信息的同时，还应积极引导和支持社会各界对政务数据的监督和评估，通过建立多元化的社会参与机制和平台，及时回应公民关切问题；通过公开透明和双向互动的信息管理制度，降低因信息不对称带来的社会不满情绪，促进政府与公民之间的良性互动，增强政府决策的合法性和公民的满意度与信任度。

▶️ 8.3 主动监管：未来政务数据监管的发展趋势

8.3.1 主动监管理念

主动监管是指在政务数据监管领域中，从被动的事后监管转变为积极主动的预防和控制。这种理念的引入，标志着政府和相关机构在数据安全和合规性方面迈向一个更为成熟和高效的阶段。传统的监管模式往往侧重于事后追责和发现数据的异常，而主动监管则强调在数据产生、传输、存储等全过程中实施有效的监控和控制措施，以预防问题的发生并最大化降低安全风险。

在未来政务数据监管的发展趋势中，首先强调的是数据安全的前瞻性和整体性。政府和相关部门不再仅仅关注数据安全事件的事后处理，而是通过技术手段和管理措施,在数据生命周期的每个阶段都进行有效的监控和管理。例如,在数据采集阶段,可以引入数据验证和合规性检查机制;在数据传输过程阶段,可以采用加密和安全传输协议;在数据存储阶段,可以通过实施访问控制和加密存储等措施,全面提升数据安全的保障水平。其次,主动监管将推动政府治理能力的提升。政府部门在面对日益复杂化和多样化的数据安全威胁时,需要具备更加灵活和迅速响应的能力。通过实施主动监管策略,政府能够更加有效地监测和分析数据使用情况,及时发现异常行为并采取应对措施,从而提高对数据安全和合规性的整体管控能力。再次,主动监管理念将促进数据治理的规范化和标准化。政府在实施主动监管时,需要依据国家法律法规和行业标准制定相应的监管政策和技术规范。这种规范化的监管模式不仅有利于保障数据安全和隐私,还能够促进政府部门之间数据共享和交换的安全性与可信度,推动数字政府建设。最后,主动监管理念倡导多方合作和共建共享。政府在实施数据监管时,还应与企业、研究机构、社会组织等合作,共同建立数据安全和合规性的标准体系,共享数据安全技术和治理经验,形成全社会共同参与的数据安全治理新格局。由此可见,主动监管理念将为政府和相关机构在保障数据安全、推动数据治理和实现数字化转型方面带来更为可持续和高效的解决方案。

8.3.2　主动监管技术

主动监管技术是支持主动监管理念实施的关键驱动力,涵盖从数据采集到数据处理、存储和分析各个环节的技术手段和工具。未来,在政府政务数据监管的发展趋势中,主动监管技术将发挥越来越重要的作用,为政府部门提供更为智能、高效和可靠的数据安全保障和合规性监管。

从数据采集层面而言,主动监管技术意义重大,传感器技术、物联网技术和先进的数据采集设备能够实时收集和传输大量的数据，政府可以通过众多先进的技术获取数据源头的信息，并进行实时监控和分析。例如，智慧城市建设中的环境监测系统可以实时采集空气质量、噪声水平等数据，政府可以应用这类数据对环境状况进行实时评估和预警，从而采取相应的调控措施。从数据传输和存储层面来看，加密技术、安全传输协议，以及数据分割和多备份技术能够有效保障数据在传输和存储过程中的安全性。政府部门通过应用这些主动监管的技术手段防止数据被非法窃取或篡改，确保数据的完整性和保密性。此外，针对云计算和大数据存储的需求，政府可以利用虚拟化技术和弹性计算资源，实现对数据存储空间和处理能力的动态调配和管理，以满足数据量急剧增长和处理效率的需求。

此外，随着人工智能和机器学习技术在主动监管中的广泛应用，政府可以利用人工智能技术对大数据进行深度学习和分析，发现数据中的异常行为。通过建立预测模型和实时监控系统，及时预警数据安全风险，并采取自动化的应对措施，提高响应速度和准确性。例如，金融监管中的反欺诈系统和网络安全中的入侵检测系统，都是利用人工智能技术实现主动监管的典型案例。值得关注的是，区块链技术作为一种新兴的"去中心化"数据存储和验证技术，也在政务数据监管中展示了巨大的潜力。区块链技术通过分布式账本和加密算法确保数据的不易篡改性和透明性，能够有效防止数据造假和篡改，提高政府部门数据管理的可信度和透明度。

主动监管技术作为未来政务数据监管的关键支撑，能够帮助政府部门实现对数据安全性和合规性的全面监控与管理，并推动政府治理能力的现代化和数字化转型。随着技术的不断进步和应用场景的拓展，主动监管技术将为政务数据安全和治理提供更加多样化和创新的解决方案，助力政府实现数字化转型和智慧城市建设的新发展格局。

参考文献

[1] 中共中央马克思恩格斯列宁斯大林著作编译局 . 马克思恩格斯选集第三卷 [M]. 北京：人民出版社 , 2012.

[2] 邓小平 . 邓小平文选（第二卷）[M]. 北京：人民出版社 , 1994.

[3] 习近平 . 习近平谈治国理政（第三卷）[M]. 北京：外文出版社 , 2020.

[4] [美] 简・芳汀 . 构建虚拟政府：信息技术与制度创新 [M]. 邵国松译 . 北京：中国人民大学出版社 , 2004.

[5] [美] 斯蒂芬・戈德史密斯，威廉・D. 埃格斯 . 网络化治理：公共部门的新形态 [M]. 孙迎春译 . 北京：北京大学出版社 , 2008.

[6] 汪向东，姜奇平 . 电子政务行政生态学 [M]. 北京：清华大学出版社 , 2007.

[7] 周志忍 . 政府管理的行与知 [M]. 北京：北京大学出版社 , 2008.

[8] 安小米，齐宇 . 公共数据平台数据互操作能力保障要素框架研究 [J]. 情报理论与实践 , 2024, 47(01): 46–56.

[9] 安小米，韩新伊，陈桂红，等 . 政府数据利用能力保障要素研究：以北京市为例 [J]. 情报资料工作 , 2023, 44(05): 50–60.

[10] 安小米，白献阳，洪学海 . 政府大数据治理体系构成要素研究——基于贵州省的案例分析 [J]. 电子政务，2019, (02): 2–16.

[11] 曹惠民，邓婷婷 . 政府数据治理风险及其消解机制研究 [J]. 电子政务，2021(01): 81–91.

[12] 曾子明，杨倩雯 . 面向第四范式的城市公共安全数据监管体系研究 [J]. 情报理论与实践 , 2018, 41(02): 82–87.

[13] 丁波涛 . 政府数据治理面临的挑战与对策——以上海为例的研究 [J]. 情报

理论与实践 , 2019, 42(05): 41–45.

[14] 丁志刚 . 如何理解国家治理与国家治理体系 [J]. 学术界 , 2014, (02): 65–72+307.

[15] 复旦大学数字与移动治理实验室 . 中国地方公共数据开放利用报告——省域（2023 年度）[R]. (2023–11–01).

[16] 耿亚东 , 常珍珍 . 政务数据共享的生成逻辑与作用机制：概念界定、理论解释与展望 [J]. 内蒙古大学学报 (哲学社会科学版), 2024, 56(01): 74–86.

[17] 黄璜 . 美国联邦政府数据治理：政策与结构 [J]. 中国行政管理 , 2017, (08): 47–56.

[18] 黄静 , 周锐 . 基于信息生命周期管理理论的政府数据治理框架构建研究 [J]. 电子政务 , 2019, (09): 85–95.

[19] 黄甄铭 , 魏娜 , 梁正 . 跨部门数据共享源于机构变革还是动机转变？——基于浙江省 M 区的案例研究 [J]. 管理世界 , 2024, 40(05): 87–106.

[20] 刘叶婷 , 唐斯斯 . 大数据对政府治理的影响及挑战 [J]. 电子政务 , 2014, (06): 20–29.

[21] 刘红波 , 姚孟佳 . 公共服务数字化转型：驱动因素与路径选择——基于 31 个省份的定性比较分析 [J]. 领导科学 , 2023, (04): 71–76.

[22] 刘红波 , 邱晓卿 . 政务数据共享影响因素研究述评 [J]. 华南理工大学学报 (社会科学版), 2021, 23(03): 96–106.

[23] 刘红波 , 林彬 . 人工智能政策扩散的机制与路径研究——一个类型学的分析视角 [J]. 中国行政管理 , 2019, (04): 38–45.

[24] 刘红波 , 林彬 . 中国人工智能发展的价值取向、议题建构与路径选择——基于政策文本的量化研究 [J]. 电子政务 , 2018, (11): 47–58.

[25] 刘红波 , 黄煜华 . 大数据背景下政府数据开放政策的文献量化研究 [J]. 数字治理评论 , 2018, (00): 1–23.

[26] 马亮. 大数据治理：地方政府准备好了吗? [J]. 电子政务, 2017, (01): 77–86.

[27] 孟庆国, 李晓方. 公共部门数字化转型：供需视角与转型深化 [J]. 电子政务, 2022, (05): 2–8.

[28] 明欣, 安小米, 宋刚. 智慧城市背景下的数据治理框架研究 [J]. 电子政务, 2018, (08): 27–37.

[29] 覃耀萱, 张锐昕. 政务服务数据治理生态系统概念框架研究 [J]. 中国行政管理, 2024, (04): 84–92.

[30] 沈费伟, 诸靖文. 数据赋能：数字政府治理的运作机理与创新路径 [J]. 政治学研究, 2021, (01): 104–115+158.

[31] 孙君, 陈玲. 城市公共数据的价值实现机制与政府作用 [J]. 科学研究, 2024: 1–18.

[32] 谭海波, 张楠. 政府数据开放：历史、价值与路径 [J]. 学术论坛, 2016, 39(06): 31–34+53.

[33] 唐要家, 马中雨. 数据监管制度框架与体系完善 [J]. 长白学刊, 2023, (06): 100–107.

[34] 汤志伟, 龚泽鹏, 韩啸. 政府智慧治理的构成要素、目标与实施战略 [J]. 电子科技大学学报 (社科版), 2022, 24(06): 1–10.

[35] 王连峰, 宋刚, 张楠, 等. 面向智慧城市治理的数据模型建构 [J]. 城市发展研究, 2021, 28(03): 70–76+84.

[36] 王谦, 曾瑞雪. 社会技术系统框架下"数字政府"风险分析及治理 [J]. 西南民族大学学报 (人文社科版), 2020, 41(05): 226–233.

[37] 王锡锌, 黄智杰. 公平利用权：公共数据开放制度建构的权利基础 [J]. 华东政法大学学报, 2022, 25(02): 59–72.

[38] 王翔, 郑磊. "公共的"数据治理：公共数据治理的范围、目标与内容框

架 [J]. 电子政务 , 2024, (01): 2–9.

[39] 王翔 , 郑磊 . 面向数据开放的地方政府数据治理 : 问题与路径 [J]. 电子政务 , 2019, (02): 27–33.

[40] 吴金红 , 陈勇跃 . 面向科研第四范式的科学数据监管体系研究 [J]. 图书情报工作 , 2015, 59(16): 11–17.

[41] 夏义堃 . 数字环境下公共数据的内涵、边界与划分原则分析 [J]. 中国图书馆学报 , 2024, 50(02): 100–114.

[42] 夏义堃 . 试论数据开放环境下的政府数据治理 : 概念框架与主要问题 [J]. 图书情报知识 , 2018, (01): 95–104.

[43] 夏义堃 . 试论政府数据治理的内涵、生成背景与主要问题 [J]. 图书情报工作 , 2018, 62(09): 21–27.

[44] 徐晓林 , 明承瀚 , 陈涛 . 数字政府环境下政务服务数据共享研究 [J]. 行政论坛 , 2018, 25(01): 50–59.

[45] 徐晓日 . 技术变革、资源统筹与组织调适 : 国家数据管理体系的改革逻辑及其展望 [J]. 理论学刊 , 2023, (03): 105–114.

[46] 徐雅倩 , 王刚 . 数据治理研究 : 进程与争鸣 [J]. 电子政务 , 2018, (08): 38–51.

[47] 杨炳霖 . 监管治理体系建设理论范式与实施路径研究——回应性监管理论的启示 [J]. 中国行政管理 , 2014, (06): 47–54.

[48] 于浩 . 大数据时代政府数据管理的机遇、挑战与对策 [J]. 中国行政管理 , 2015, (03): 127–130.

[49] 袁刚 , 温圣军 , 赵晶晶 , 等 . 政务数据资源整合共享 : 需求、困境与关键进路 [J]. 电子政务 , 2020, (10): 109–116.

[50] 张成福 , 王祥州 . 人工智能嵌入公共服务治理的风险挑战 [J]. 电子政务 , 2023, (01): 37–51.

[51] 张会平，胡树欣."互联网＋政务服务"跨部门数据共享的推进策略研究 [J]. 情报杂志，2018, 37(12): 168–174.

[52] 张会平，李晓利."数据要素 ×"视域下公共数据授权运营生态系统的培育路径 [J]. 长安大学学报 (社会科学版), 2024, 26(03): 60–75.

[53] 张楠.公共衍生大数据分析与政府决策过程重构：理论演进与研究展望 [J]. 中国行政管理，2015, (10): 19–24.

[54] 张锐昕.中国数字政府的核心议题与价值评析 [J]. 理论与改革，2022, (06): 68–79+158–159.

[55] 张锐昕.基层治理数字化转型亟待破解的三个瓶颈 [J]. 国家治理，2020, (38): 19–22.

[56] 张绍华，潘蓉，宗宇伟.大数据治理与服务 [M].上海：上海科学技术出版社，2016.

[57] 郑磊.开放政府数据的价值创造机理：生态系统的视角 [J]. 电子政务，2015, (07): 2–7.

[58] 郑跃平，甘祺璇，张采薇，等.地方政府数据治理的现状与问题——基于 43 个政务热线部门的实证研究 [J]. 电子政务，2020, (07): 66–79.

[59] 郑跃平，梁灿鑫，连雨璐，等.地方政府部门数字化转型的现状与问题——基于城市层面政务热线的实证研究 [J]. 电子政务，2021, (02): 38–51.

[60] 周文泓，代林序，文利君，等.我国政府数据治理的政策内涵研究与展望 [J]. 现代情报，2023, 43(10): 85–96.

[61] 周霞，陈为东，曾思瑜.知识链模型视角下政府开放数据流转与价值增值模式研究 [J]. 情报资料工作，2024, 45(03): 86–95.

附　录

（一）相关政策文件

1.《中华人民共和国数据安全法》（中华人民共和国主席令 第八十四号）

2.《国务院办公厅关于印发全国一体化政务大数据体系建设指南的通知》（国办函〔2022〕102 号）

3.《国务院办公厅关于建立健全政务数据共享协调机制加快推进数据有序共享的意见》（国办发〔2021〕6 号）

4.《国务院关于印发促进大数据发展行动纲要的通知》（国发〔2015〕50 号）

5.《国务院办公厅关于运用大数据加强对市场主体服务和监管的若干意见》（国办发〔2015〕51 号）

6.《交通运输部关于印发〈交通运输政务数据共享管理办法〉的通知》（交科技发〔2021〕33 号）

（二）相关术语

1. 数字治理

数字治理是指利用信息技术，特别是大数据和网络技术，来提升政府的决策能力、管理效率和服务水平。数字治理的目标是通过技术手段提升政府工作的透明度、效率和参与度，同时促进信息共享、公众参与和服务创新，以构建更加开放和智能的政府管理体系。

2. 数据治理

数据治理是指在政府机构内部及其与公民、企业间的互动中，对政务数据的收集、存储、管理、使用和共享等活动进行规范、监督和优化等一系列系统性策略和流程。这包括确保数据的质量、安全、合法性和透明性，同时也涉及制定相关政策、标准和技术措施，以支持政府决策、提高公共服务效率和促进政府透明度提升。数据治理的最终目标是提升政府的公信力并使公共资源有效利用，确保数据驱动的政策和服务既高效又符合伦理和法律标准。

3. 数据监管

数据监管（数据管理服务监管）是指依据国家和行业的有关法律法规、政策制度、技术标准等文件要求，针对数据管理相关服务活动的行为和效果，进行监督和管理的服务过程，旨在推动数据管理相关服务目标有效实现，确保目标实现过程的合规性、安全性。

4. 主动监管

政务数据中的主动监管是指政府采用先进的数据分析技术和工具，主动对政务活动和公共服务中的数据进行实时或定期监控与分析，以及时发现和解决问题、优化流程和提高透明度。这种监管模式基于自动化系统和智能算法，不仅可以提高政府监管的效率和精确性，还能在问题出现初期进行干预，预防风险和不正当行为的发生，从而增强政府响应能力和提高公众信任度。

5. 政务数据

政务数据主要聚焦于政府的内部管理和运行效率相关的数据。这类数据通常涉及政府的日常运作、行政管理、公共资源分配等，重点关注政府的业务处理和服务优化。政务数据侧重于政府的行政管理和服务提供，旨在提高政府工作效率，优化服务流程，常见于政府预算执行情况、公共项目进度数据、行政审批数据等。

6. 数据目录

数据目录是对组织内部数据资源的系统化整理和呈现，它包含了数据资源的元数据信息，例如，数据名称、描述、来源、格式、访问权限等。数据目录的主要作用在于提高数据的可发现性、可访问性和可理解性，促进数据的共享和利用。

7. 元数据

元数据是关于数据的索引信息数据，主要描述和提供信息以帮助识别、管理、发现、理解和处理实际数据。元数据涵盖数据的来源、内容、格式、质量和结构等多个方面信息。例如，在图书馆系统中，书籍的元数据可能包括作者、出版日期、ISBN号和分类号等，这些信息能够帮助用户和管理系统有效检索信息资源。在数字环境中，元数据使数据更易于被机器理解和操作，从而支持更复杂的信息服务和数据管理。

8. 主数据

在政务数据管理中，主数据是指对于公共管理、服务提供和政策制定至关重要的核心信息。这些数据通常涵盖公民、地理位置、组织、服务、资产和事件等关键领域，为政府机构提供了一个全局一致、标准化的信息视图。

9. 建筑信息模型数据

建筑信息模型数据是指利用数字技术构建建筑物或基础设施的虚拟信息模型，这些数据包括建筑物的空间结构、组件的物理和功能特性，以及相关工程信息。建筑信息模型数据在设计、建造、管理和维护等阶段提供全面、精确的信息支持，使政府部门可以更高效地进行项目管理、设施运维和决策制定，从而提高建设项目的质量和施工效率。

10. 数据清洗

数据清洗旨在提高数据的质量和可用性，通过识别、纠正或删除不准确、不完整或不相关的记录，以确保数据集的准确性和一致性。数据清洗的过程通常涉及去除重复数据、校正格式错误、填补缺失值等操作，从而为政府决策提供可靠、准确和及时的数据支持。数据清洗是确保政务信息系统有效运行的关键步骤。

11. 大数据

在政务数据领域中，大数据是指政府在公共管理、服务和决策过程中收集、存储和分析的庞大、多样化和高速生成的数据集合。这些数据来源广泛，例如人口统计、公共服务记录、社交媒体、监控设备等。通过分析这些大数据，政府能够揭示数据合集的模式、趋势和关联，从而提升公共服务的效率和质量，优化资源配置，增强政策的针对性和有效性。

12. 区块链

区块链是一种分布式账本技术，它通过在网络中的多个节点上记录、加密和同步数据来保证信息的安全性、透明性和不易篡改性。政府部门利用区块链技术，可以在不依赖单一中心化机构的情况下，进行高效、透明的数据交换和处理，从而提升政务透明度，提高公共服务的信任度和安全性，同时优化流程管理和降低运营成本。

13. 数据审计

在政务数据管理过程中，数据审计是一个关键的监督过程，旨在评估和验证数据的完整性、准确性和合规性。这个过程涉及对数据的使用、访问、处理和存储活动进行系统性检查和记录，以确保数据在收集、处理和使用过程中遵守相关法律、政策和标准。数据审计帮助识别数据管理中的风险和不足，确保政府机构能够有效管理和保护公共数据资源。

致 谢

本书由广东省电信规划设计院有限公司与华南理工大学刘红波教授团队协作完成。在书稿撰写过程中，广东省交通运输厅黄成造副厅长给予了大力指导和支持。同时，感谢数字广东网络建设有限公司、广东亿迅科技有限公司、中国移动通信集团广东有限公司、中电科普天科技股份有限公司、杭州安恒信息技术股份有限公司、华信咨询设计研究院有限公司、中通服咨询设计研究院有限公司、广东国脉信息发展有限公司、公诚管理咨询有限公司等单位在数据监管实践工作中的积极参与，以及在数据收集和分析方面给予的专业支持。此外，还有一些专家提供了专业性意见和建议，使本书的理论框架更加完善和深入，他们来自清华大学、北京大学、中山大学、华南理工大学、浙江财经大学、广东省智能交通协会、广东数字政府研究院等。最后，本书的出版离不开人民邮电出版社编辑们的辛苦付出，他们为本书的出版、发行等提供了专业支持。